EN CASA CON

JOSÉRA

Diseño de portada: Planeta Arte & Diseño
Fotografías de portada e interiores: FLAVIO BIZARRI (#bizarristudio)
Diseño de interiores: Ramón Navarro
Ilustración p.16: iStock
Que Bo ®, con permiso del autor.
Bed Bath & Beyond Mexico ®, con permiso de Bed Bath & Beyond Mexico

Bajo el sello editorial PLANETA M.R.
Avenida Presidente Masarik núm. 111,
Piso 2, Polanco V Sección, Miguel Hidalgo
C.P. 11560, Ciudad de México
www.planetadelibros.com.mx

Primera edición en formato epub: diciembre de 2021
ISBN: 978-607-07-8175-9

Primera edición impresa en México: diciembre de 2021
ISBN: 978-607-07-8141-4

Impreso en los talleres de Litográfica Ingramex, S.A. de C.V.
Centeno núm. 162-1, colonia Granjas Esmeralda, Ciudad de México
Impreso y hecho en México - *Printed and made in Mexico*

JoséRa Castillo

EN CASA CON JOSÉRA

80 RECETAS PARA COMPARTIR
CON TU FAMILIA E INVITADOS

ÍNDICE

A mi esposa, Lina, y a
mis hijos, Maximiliano
y Lucas, que son mi
fuente de inspiración,
mi ancla segura,
mi lugar feliz: ese
lugar donde siento
tranquilidad en medio
del caos.

UN SUEÑO, UNA PANDEMIA, UN NUEVO LIBRO

¿Quién hubiera imaginado que una pandemia sacaría a relucir el cocinero que todos llevamos dentro?

En efecto, eso fue lo que sucedió. Luego del primer confinamiento que vivimos en marzo de 2020 a raíz de la pandemia de Covid-19, muchos vieron nacer a su cocinero interior, a ese talento en bruto que en realidad siempre existió, pero que, ante la contingencia sanitaria, tuvo la oportunidad de brillar desde los fogones caseros. Miles de personas en el mundo empezaron a hacer galletas, pasteles y demás artes de la repostería, con la intención de satisfacer antojos, explorar la creatividad y, ¿por qué no?, consentir el corazón con un toque dulce, un «apapacho» para el alma.

Pero no solo los postres tuvieron un lugar en nuestra cocina; también los amantes de lo salado experimentaron con texturas, ingredientes, utensilios y cortes de carne. La gente empezó a probar, ver, disfrutar y a encontrar en el calor de su estufa y horno un santuario, un refugio para los problemas del exterior. Así, aunque no pudimos salir por meses ni, mucho menos, reunirnos presencialmente con los demás, no dejamos de cumplir años; los pasteles e itacates se convirtieron en nuestra manera de abrazarnos a distancia, mientras convivimos con nuestra familia desde la pantalla de nuestro teléfono o a través de la computadora.

Al notar esto, tanto en mi hogar como en el de la gente a la que quiero y mis seguidores, decidí escribir este libro, con la intención de compartir una guía muy personal hacia la preparación de antojitos y platillos que cocino en la casa para compartir con mi familia e invitados. ¡Y que sin duda les encantarán a ti y a los tuyos también!

Quizá esta edición sorprenda a muchos, pues doy a conocer otra faceta mía, alejada de los chocolates y la repostería. Sin embargo, soy cocinero de formación, y lo seguiré siendo hasta el fin de mis días. Hace más de una década gané el Cocinero Joven de Cataluña, y recibí el premio de manos del prestigioso chef Martín Berasategui en España. Además, en varias ocasiones he sido chef de restaurantes tanto en México como en España.

Hace tres años ingresé a la Sociedad Mexicana de Parrilleros, donde he impartido clases; también he dado cursos de gastronomía, sobre todo en la Ciudad de México. En lo personal, me encanta hacer barbecue, brisket, pulled pork, todos cortes grandes y de largas cocciones que me apasionan.

Este libro es, entonces, para toda la familia, para todos aquellos que han sobrevivido los duros tiempos actuales que nos han marcado y que, por fortuna, tienen la oportunidad de reunirse con sus seres queridos a cocinar; picar las verduras, sofreír la cebolla, preparar las salsas, y luego, disfrutar de un banquete en el cual todos tuvieron un papel importante. A partir del trabajo en equipo en la cocina, surge una maravillosa convivencia, un encuentro que nos recuerda que el valor más importante de la cocina es la comunión.

Querido lector, en las siguientes páginas te dejo recetas que he disfrutado preparar a lo largo de mi historia, que son para compartir con quienes amamos, con ingredientes accesibles, mas no por ello menos deliciosos. Además, encontraras una pequeña guía sobre cómo ser un buen anfitrión y recibir a tus invitados en casa, así como una selección de herramientas y utensilios básicos en tu cocina para que, al momento de ponerte en marcha, no te falte nada. Espero que encuentres en ellas sabores sorprendentes y que además sirvan de guía para tu cocinero interior y para recordar que la vida se trata de esto: saborear, guisar y compartir.

CAPÍTULO

1

¿CÓMO SER UN GRAN ANFITRIÓN?

Hay que admitirlo: a veces organizar una reunión puede robarnos demasiada energía.

¿Llegarán todos los invitados? ¿La cena estará a tiempo y será del agrado de todos los presentes? ¿Las bebidas que pensamos ofrecer son el maridaje ideal para lo que serviremos? Preguntas como estas invaden nuestra mente y provocan que, en lugar de pasar un buen rato, el estrés frene la felicidad del encuentro. Ser anfitriones, entonces, no resulta una experiencia tan placentera, y lo más preocupante es que podemos transmitir la tensión a los demás.

Primero que nada, ¡calma! Respira, inhala, exhala, y después, sigue los consejos que presento enseguida, a mí me han funcionado para ser un buen anfitrión tanto en mis reuniones personales como de trabajo. No se trata de seguir un manual impoluto de buen comportamiento y servicio, sino de ofrecer una comida o cena memorable, deliciosa y que cumpla con su objetivo: que todos se la pasen bien, incluido tú. Las recomendaciones que encontrarás a continuación son generales, pero pueden adaptarse a cualquier situación; es decir, no es lo mismo servir un brunch de domingo en familia que una cena de trabajo. Sin importar de qué se trate, ¡disfruta!

Si es una reunión formal, elige bien a los invitados

Cuando estamos entre conocidos, ¡no pasa nada! El ambiente fluye de manera natural. Sin embargo, en escenarios más formales, es muy importante que todas las personas que invitemos a nuestra reunión tengan algo en común. Quizá no se conocen desde antes, pero tienen un pasatiempo, recuerdo o gustos afines. ¿Son personas con hijos o sin hijos? ¿Viven en zonas similares? ¿Son viajeros o amantes de las aventuras al exterior? ¿Disfrutan del buen vino o son más de cerveza? Lo anterior puede darte una guía inicial.

Haz la invitación por anticipado

¡Gracias, WhatsApp, por existir! Si es algo formal puedes enviar un *Save the Date* con unas dos semanas de antelación directamente desde esta app, para que tu evento se incorpore con éxito a la agenda apretada de cada uno de tus invitados. Si el plan surge ese mismo fin de semana y es algo más relajado, con un mensaje es suficiente.

Lo importante, eso sí, es siempre ser claros con la hora de llegada; diles que la cita es, por ejemplo, dos horas antes de que se sirva la mesa: «La cita es a la una de la tarde, pero comeremos a las tres». Eso les dará un margen de tiempo para no correr y, también, servirá como antesala para romper el hielo conforme llegan. Envía un recordatorio dos días antes para confirmar nuevamente la presencia de tus invitados y así tener mayor certeza de cuántas personas serán.

Ponte en los zapatos de tus invitados

Es importante entender y empatizar con sus necesidades. Por ejemplo, si llevan niños al evento y es necesario contratar una niñera o tener un menú infantil; si tienen coche y requieren de estacionamiento... Además, si la reunión es en exterior, ¿cuentas con un espacio techado o carpa en caso de lluvia? ¿Hay suficientes asientos para evitar incomodidades o es necesario rentar sillas? Prever este tipo de detalles te ahorrará muchos momentos de estrés en medio de la reunión.

También, no temas preguntar a tus invitados si sufren de algún tipo de alergia, llevan alguna dieta que les impide comer algo en específico (si son veganos o vegetarianos, por ejemplo) o si cuentan con una bebida alcohólica favorita.

Calcula las cantidades de comida para evitar desperdicios

Las personas consumen en promedio 400 gramos de comida, incluyendo proteínas, verduras y carbohidratos. Además, es importante considerar unos 100 gramos de botanas y otros 300 gramos de postres por invitado. Considera que las personas jóvenes consumen un poco más que los adultos mayores.

Un menú pensado en jóvenes debe contener más proteína porque tienen un consumo calórico mucho mayor; los adultos mayores pueden ser más delicados en cuanto a alimentos irritantes y gluten, así como el azúcar. Por ello, conviene ser considerados al momento de planear el menú, y buscar la mayor variedad posible para que todos estén contentos.

La variedad comienza desde la botana. Te recomiendo servir alimentos frescos como crudités o encurtidos al principio de la reunión. Evita frituras procesadas o servir demasiadas botanas con pan o galletas, que sacian el apetito demasiado rápido y pueden ocasionar que tus invitados ya no lleguen al plato fuerte. La tabla de quesos resulta ideal como intermedio entre el plato fuerte y el postre, por si alguien se ha quedado con hambre.

En cuanto a la bebida, es importante que tengas opciones con o sin alcohol, así como aguas frescas. Y que consideres, además, tres copas de vino por persona (3/4 de botella, aproximadamente). Independientemente de la proteína principal que ofrezcas (carne roja, pollo o pescado), conviene tener disponibles vino tinto, blanco y rosado, que satisfagan cualquier antojo más allá del «deber ser».

¿Cómo planear un buen menú?

Existen varios secretos para ofrecer un menú exitoso que supere las expectativas de los invitados y que les deje un buen sabor de boca. Nada del otro mundo, pero importantísimo al momento de planear lo que serviremos en la mesa.

Lo primero es que nuestro menú esté equilibrado: es decir, que las proporciones de carbohidratos, grasas y proteínas sean adecuadas. Podemos guiarnos con el plato del bien comer: este propone que nuestro

plato contenga siempre una parte de verduras y una de carbohidratos, otra porción de proteína, un poco de tubérculos y leguminosas.

Uno de los errores más comunes es que las porciones no sean suficientes y que las personas se queden con hambre. Para evitarlo y lograr un menú vasto, opta por más proteínas y menos carbohidratos; como lo adelanté hace unas líneas, estos últimos se metabolizan mucho más rápido que las primeras, lo que provoca que la gente recupere pronto el apetito.

La variedad es importante no solo en los grupos de alimentos, sino en los colores, las texturas, las temperaturas y las formas de preparación. No hay que perder de vista que a las personas les gusta saber qué van a comer, por lo que intentar sorprenderlos con platillos excesivamente sofisticados puede resultar contraproducente. A veces, menos es más.

Recomiendo tener dos postres diferentes, para que todo mundo encuentre una alternativa en caso de que uno no le guste; puedes tener, por ejemplo, un pastel de chocolate y una panna cotta; o un panqué de lavanda y un crème brûlée. Así, cumplirás con cualquier antojo dulce.

Puedes preparar prácticamente todo con anticipación, sobre todo aquello que requiere tiempo de cocción, como las proteínas animales o la mayoría de las guarniciones. También puedes tener listas desde una noche antes las bases de las salsas (tatemar los chiles, por ejemplo) y postres, y colocarlos en refrigeración. Se recomienda retirar los alimentos del refrigerador un par de horas antes de servirlos, para que se puedan degustar a temperatura ambiente. Lasañas y pastas, por ejemplo, pueden estar listas solo para calentarse en el horno, todo es cuestión de una buena planeación.

¿Cómo guardar mis productos?

La preservación de nuestras preparaciones es importante para ofrecer calidad a nuestros comensales e invitados. Si sabes congelar y descongelar tienes una ventaja porque entonces no tendrás que hacerlo todo el mismo día. Tendrás más orden y la vida de los productos seguirá el mismo ritmo que tu trabajo en la cocina.

Congelemos

El proceso de congelación siempre es el mismo.

1. Se coloca el producto en un recipiente totalmente hermético.
2. Se cubre el recipiente con papel film y se saca el exceso de aire.
3. Se mete al congelador.

Congelar es como ponerle pausa al producto en una máquina de tiempo. Todo se queda tal cual, y no hay nada que crezca en la congelación, siempre y cuando esté bien cerrado el recipiente. A partir de las 12 horas el producto ya se congeló.

Si el recipiente no está bien cerrado los productos se pueden literalmente quemar con el frío del congelador. Los cristales de agua que se forman pueden romper el producto, las grasas se echan a perder, la comida empieza a mermarse. En cambio, si se guarda bien, un producto puede conservarse hasta por tres años, aunque no es lo más recomendable. Los congeladores tienen un gas que se llama xenón que puede afectar el sabor del producto y por eso es que a veces habrás oído la frase coloquial que versa: «sabe a refri». Así que, por cuestiones de calidad, yo recomiendo no congelar las cosas por más de una semana.

No se recomienda congelar los quesos, el yogur, los huevos enteros, la leche, las endivias, los pepinos, las lechugas, los nabos, los jitomates enteros, el jamón serrano ni los aguacates. Esto debido a que con la congelación las moléculas de estos ingredientes rompen sus cadenas, lo cual hace que no regresen a su estado natural en condiciones óptimas. Fuera de eso, todo puede congelarse.

Descongelemos

Ahora, a la inversa, a descongelar. Cada paso es muy importante:

1. Del congelador pasa tu producto al refrigerador. Déjalo ahí durante 24 horas.

2 Una vez pasado el tiempo, se puede utilizar como si estuviera recién salido del refrigerador del supermercado.

Este proceso permite que los cristales de agua formados durante la congelación por la misma humedad del producto se reduzcan apropiadamente y el producto mantenga su estructura. De lo contrario, si te desesperas y piensas que con dejarlo un rato a temperatura ambiente es suficiente, terminarás trabajando con un producto cuyo corazón sigue congelado.

Con los pescados y las carnes los tiempos varían por la estructura de los alimentos, pero igualmente hay un proceso que hay que cuidar. En este caso, los pasos son los siguientes:

---

1 Pasar los pescados y carnes al refrigerador durante 12 horas.
2 Mantenerlos en temperatura ambiente durante máximo dos horas.

IMPORTANTE: Una vez que se descongela algo, no es posible volverlo a congelar, pues corremos el riesgo de que se eche a perder.

Por último, ¿cómo poner una mesa?

La presentación es muy importante, y tener la mesa puesta desde antes de que lleguen tus invitados da un sentido de interés, respeto y cuidado. Te recomiendo montarla una hora antes de que lleguen. Puedes comenzar con un montaje básico, con un mantel y algunos utensilios esenciales para una comida informal. También puedes elegir una mesa más elegante, con algunas piezas clave que a continuación te enlisto:

- Plato base, plato llano y plato de ensalada
- Servilleta de tela
- Tenedor de ensalada y tenedor de carne
- Cuchara, cuchara de postre y cuchillo para cenar
- Plato de pan, con el cuchillo apropiado
- Copa de agua y copa de vino
- Vasos de soda
- Taza de té o café (usualmente se coloca al servir el postre)

Es importante evitar artículos desechables o de un solo uso que contaminen el medio ambiente (adiós a los famosos «vasos rojos» o a los platitos de fiesta). Si bien aportan practicidad, no conforman una buena mesa.

Siempre es recomendable preparar el espacio con flores en la estancia, la sala y el comedor (sin que estas impidan una buena visibilidad entre los invitados).

Además, es importante que en los baños haya toallas individuales, difusor de aroma y crema para manos.

Si se trata de alguna ocasión especial, puedes ofrecer a tus invitados un regalo como agradecimiento por su visita. Puede ser una botella de vino pequeña, una cajita de chocolates o cualquier detalle que te nazca y que esté de acuerdo con tu economía.

¡Lo más importante en toda reunión es divertirte! Desde la compra de los ingredientes hasta la preparación de las recetas y la reunión en sí, recuerda disfrutar cada momento. ¡No hay nada como pasar tiempo de calidad alrededor de una mesa y gozar de buena compañía y deliciosos platillos!

CAPÍTULO

2

BÁSICOS PARA TU COCINA

Los utensilios en la cocina son los mejores amigos de cualquier cocinero.

La ausencia de uno puede convertir la cocina en un campo de batalla y, por ende, complicar o incluso arruinar cualquier experiencia gastronómica.

Es importante recordar que todo debe ser de un material fuerte, como acero inoxidable, o bien, de una muy buena madera. A continuación, los utensilios en la cocina que considero indispensables y que nunca faltan en mi área de trabajo:

Aditamentos que rompan la temperatura. Se trata de bases para colocar encima objetos calientes. Pueden ser de metal o de madera, o incluso de silicón.

Afiladores. Es superimportante que nuestros cuchillos estén bien afilados, y no hay mejor manera de asegurarse de ello que afilándolos nosotros mismos. Hoy por hoy existen afiladores para cuchillos en cualquier supermercado a un precio accesible, solo es cuestión de entender bien el material del que está hecho el cuchillo y cuidarlo adecuadamente. OJO: tener un cuchillo sin afilar es un gran peligro en la cocina, pues puede ser causa de accidentes.

Báscula. La báscula es algo básico en una cocina de casa para respetar los gramajes justos de cada receta. Antes eran difíciles de encontrar y caras, pero ya están en todos lados y a precios muy accesibles. Te recomiendo que sea digital para mayor precisión.

Batidores. Ideales para el huevo, las gelatinas y las salsas.

Bowls. Conocidos también como bol, cuenco o ponchera, cumplen con las funciones de un tazón y se caracterizan por su forma semiesférica y no tener asas. Son muy limpios, no generan olores y se pueden meter en el lavatrastos al igual que al microondas (esto último, siempre y cuando sean de vidrio y no de aluminio).

Cacerolas. De acero inoxidable, para preparar variedad de sopas, caldos, pastas y guisos. Considera tener de diferentes tamaños, para que se adapten a cada una de tus necesidades culinarias.

Coladeras. Son utensilios semiesféricos o más anchos en su parte superior, ideales para bebidas, líquidos o salsas, así como para escurrir alimentos crudos o cocidos. Considera tener más de tres, tanto plásticos como de metal, con agujeros de distintos tamaños.

Cuchillos. Necesitamos cinco cuchillos buenos, que tanto el peso como el forjado del acero sean de buena calidad. Dos cuchillos de chefs, uno de pan, un mondador y uno mediano, de 11 centímetros. De preferencia hay que tenerlos empotrados con imanes, porque en ocasiones la gente abre el cajón, mete la mano y puede tener un accidente. También hay bases de madera, especiales para almacenarlos y tenerlos a la mano sin poner en riesgo nuestros dedos.

Depósitos reutilizables de litro, de medio litro y de un cuarto (tuppers). Ayudarán a tener orden en la cocina y a evitar el uso de recipientes desechables.

Dispensador de aceite de cocina. Es importantísimo contar con un dispensador que evite el exceso de aceite en nuestros platillos así como derrames. Lo ideal es que sea de vidrio o de acero.

Duyas. Indispensables para los reposteros; la presentación básica es la lisa, además, hay otras cinco que recomiendo en toda cocina: las de estrella cerrada, las de estrella abierta, las de pétalo, las redondas y las de hoja.

Espátulas o miserables. No solamente sirven para pastelería, ayudan mucho para la cocina, para poder desplazar una buena salsa o hasta para cocinar huevos.

Especieros marcados. En toda cocina se necesita un especiero visible para encontrar rápidamente los condimentos. Hay que mantenerlo constantemente actualizado. Otra alternativa que me encanta es tener hierbas frescas y sembrarlas nosotros mismos.

Licuadora. Tres cosas que debes considerar al elegir una licuadora son las siguientes: que tenga potencia, amplia capacidad en su vaso y que la velocidad de las revoluciones sea paulatina. ¡Un instrumento que se utiliza todos los días!

Machacador. Especial para machacar frijoles o purés, recomiendo usar uno de metal.

Molcajete o mortero. El molcajete de piedra volcánica es muy recomendable para hacer salsas o moler ajos; además de ser orgullosamente mexicano, ayuda a preservar el sabor y la textura de los alimentos.

Moldes para horno. Deben ser de acero inoxidable, de vidrio o de silicón. Podemos tener tres tamaños para hacer distintos tipos de pasteles. También conviene tener charolas de acero para hornear pan y galletas.

Olla exprés. También conocida como olla a presión, es una herramienta para cocinar y obtener presiones de cocción más altas y rápidas. Ideal para leguminosas como lentejas y frijoles, así como para verduras de corteza dura como papas y zanahorias.

Ollas. Deben ser de acero inoxidable y de asiento gordo para cocciones largas. Esto ayudará a que la cocción de los alimentos sea más uniforme.

Pelador. Cuenta con una cuchilla afilada que sirve para eliminar la superficie o piel de verduras como las papas, el betabel o las zanahorias, por ejemplo, y de frutas como la manzana o la pera.

Pinzas. Recomiendo tener tres tamaños de pinzas: de precisión (para decorar), medianas (para cuando estamos cocinando en la casa) y largas (para cuando se hacen asados).

Procesador de alimentos. Para elegirlo, considera estas tres cualidades: que sus cuchillas sean de acero inoxidable, que sus patas sean antideslizantes para evitar que se desplace con el movimiento y que la tapa tenga seguridad de anclaje.

Rallador. Hay dos tipos: el estático, ideal para rallar desde quesos hasta verdura, y el microplano, preferible para rallar granos, especies como la nuez moscada, o queso muy finito.

Sartén de hierro fundido. Mantiene altas temperaturas, se usa mucho para brasear en el horno. La recomiendo principalmente para carnes. Para curarla, hay que barnizarla con aceite y llevarla a una alta temperatura por unos 15 minutos, esto le dará un sabor espectacular a nuestros platillos.

Sartenes de acero inoxidable con mango de acero inoxidable. Un verdadero básico de la cocina. Sirven para preparar de todo, y el hecho de que el mango sea de acero también nos permite cocinar con ellas en el horno.

Sartenes de teflón. Estas sartenes no son para carne (para esto son mejores los de acero inoxidable, hierro fundido o de cerámica). Más bien, el teflón es útil para evitar que se peguen los ingredientes de platillos como cremas, huevos o alguna salsa espesa.

Tabla de picar. No puede faltar en ninguna cocina. Lo recomendable es que sea grande, de más de 30 centímetros. Las puedes encontrar de madera y de baquelita. Te recomiendo lavarlas con una solución de agua y un poquito de cloro para prevenir la acumulación de bacterias; también secarlas muy bien es de suma importancia.

Termómetro de cocina digital. Este dispositivo cuenta con un pequeño cartucho y una pantalla digital, donde es posible ver la temperatura de los alimentos y así lograr cocciones y consistencias perfectas. Actualmente es común encontrarlo a precios accesibles en todos lados. Para que tus proteínas estén al punto, te recomiendo las siguientes temperaturas:

- Pescado: 60 °C
- Pollo y cerdo: 65 °C
- Res: 55 °C

Trapos. Es necesario tener un trapo de lino, absorbente e ideal para limpiar nuestra área de trabajo. Busca, además, uno de microfibra que sirve para manipular objetos delicados. Para las manos, es necesaria una toalla delicada de algodón que sea absorbente. Para la vajilla, busca trapos delicados y absorbentes de microfibra.

Trinches. Consiste en un astil de acero inoxidable, con dos o tres púas iguales para pinchar alimentos sólidos. Los trinches se utilizan, principalmente, para sujetar un ingrediente, como carne o pollo, y realizar cortes con mayor facilidad. Sus dientes están diseñados para evitar que se dañe o desgarre la carne.

Luego de estas recomendaciones estamos listos para comenzar a cocinar. Es importante tener la cocina organizada con todos nuestros utensilios y también conseguir los ingredientes con tiempo de anticipación. De preferencia, utiliza ingredientes de temporada, que sean frescos y puedas conseguir en tu mercado local. Otro consejo que te doy: para evitar el caos al momento de preparar los alimentos, procura lavar de inmediato cuando utilices algo.

¡Éxito!

UNIT
TARE
ON
5kg/1g

ANTES DE ARRANCAR, UN AVISO IMPORTANTE

Encontrarás que todas las cantidades de los ingredientes en el recetario están en gramos.* ¿La razón? Me quiero asegurar de que las recetas te salgan al pie de la letra. Gracias a la maravilla que es la báscula digital, con gramos no hay pierde.
También encontrarás el uso de temperaturas de cocción específicas. Ayúdate de un termómetro digital; así como las básculas, están disponibles en todos lados.

* Aunque se suelen medir los líquidos en litros y mililitros, en este recetario los encontrarás en gramos la mayoria de las veces para que te sea más fácil pesar la cantidad correcta con tu báscula.

CAPÍTULO

3

LAS SALSAS ESTRELLA DE JOSÉRA

CONSERVA DE AJOS CONFITADOS

Cuando cocino, los ajos son uno de mis ingredientes favoritos y prácticamente de uso diario. Además, mezclados con aceite y untados en un pan resultan todo un manjar. Esta conserva se puede utilizar para aliñar ensaladas, para elevar tus salsas o para darle un toque especial a tu pescado favorito.

 30 MINUTOS | NIVEL DE DIFICULTAD ●○○○ | 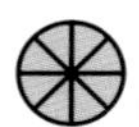 8 PORCIONES |  **VA BIEN CON:** PATÉ DE HÍGADO DE POLLO CASERO, PULPO CON PESTO, PORK BELLY PRENSADO

INGREDIENTES

- 10 cabezas de ajo peladas y seccionadas en dientes
- 500 g de aceite de girasol (o la cantidad suficiente para cubrir los ajos)

PREPARACIÓN

1. Colocamos los dientes de ajo en una cacerola a fuego alto y los cubrimos con el aceite, que el aceite rebase los ajos a un grosor aproximado de dos dedos.
2. Esperamos a que rompa el hervor, mantenemos siete minutos más en el fuego, retiramos de la estufa.
3. Dejamos reposar hasta que tomen temperatura ambiente. Esto hará que se cuezan y queden suaves.
4. Vertemos la mezcla de ajos y aceite en un tarro de vidrio y tapamos. Conservamos a temperatura ambiente.

CHILES CHIPOTLES EN ADOBO Y PILONCILLO

Los chipotles adobados son lo máximo, sobre todo en una torta o en un buen caldo, y esta receta casera y sin conservadores les dará un sabor único a tus platillos. Puedes usar los chipotles en trozos, tal como quedan al finalizar el adobo, o licuarlos para obtener una pasta de chipotle increíble.*

 30 MINUTOS | NIVEL DE DIFICULTAD ●●●● |  8 PORCIONES | **VA BIEN CON:** CHICHARRÓN ESTILO NORTEÑO, FIDEO SECO, TENDERS DE POLLO Y CHIPOTLE CON QUESO

INGREDIENTES

- 1 l de agua
- 3 chiles pasilla desvenados y desemillados
- 2 chiles anchos desvenados y desemillados
- ¼ de cebolla morada grande
- 5 dientes de ajo pelados
- 2 jitomates bola
- 36 g de aceite de ajo confitado (recomiendo usar la conserva de la página 33)
- 12 g de orégano
- 3 hojas de laurel
- 3 clavos de olor
- 5 pimientas gordas
- 20 chiles chipotles secos
- 200 g de piloncillo
- 12 g de sal
- 12 g de pimienta

PREPARACIÓN

1 Vertemos el agua en una olla y la llevamos a ebullición. Agregamos los chiles pasilla y anchos, la cebolla, los dientes de ajo y los dos jitomates. Dejamos hervir durante cinco minutos y apagamos para dejar que se suavicen. Colamos la mezcla y retiramos.

2 Licuamos todo lo anterior con el aceite de ajo confitado, el orégano, las hojas de laurel, los clavos de olor y las pimientas hasta que quede un adobo. Pasamos por un colador fino y vertemos sobre una cacerola a fuego medio.

3 Mientras tanto, hidratamos los chipotles secos en una cacerola con agua hirviendo durante cinco minutos. Colamos y reservamos.

4 Rallamos la barra de piloncillo y lo agregamos a la cacerola junto con los chiles chipotles previamente hidratados. Llevamos a cocción durante 15 minutos a fuego medio alto. Salpimentamos.

5 Retiramos del fuego y colocamos en un recipiente con tapa. Refrigeramos.

** Si deseamos hacer la pasta de chipotle, una vez terminado el proceso de preparación licuamos la salsa hasta obtener una pasta homogénea. Reservamos en el refrigerador.*

SALSA ENCACAHUATADA

Los encacahuatados son típicos de la gastronomía de Chiapas; toda mi familia es de allá y por eso me gustan mucho. Lo más difícil de esta salsa es que no se corte, por lo cual hay que seguir los pasos al pie de la letra.

15 MINUTOS | NIVEL DE DIFICULTAD ●●○○ | 
8 PORCIONES | 
VA BIEN CON: TAQUITOS DE SETAS AL PASTOR, PULPO ADOBADO, POLLO ROSTIZADO CON PAPAS EN SU JUGO

INGREDIENTES

- 3 chiles cascabel
- 1 chile guajillo
- 1 jitomate bola cocido
- 100 g de cacahuates fritos
- 5 dientes de ajo confitados (recomiendo usar los de la conserva de la página 33)
- 12 g de vinagre blanco
- 100 g de aceite de cacahuate
- Sal y pimienta al gusto

PREPARACIÓN

1. Quitamos el rabo de los chiles cascabel y guajillo y los hidratamos en una cacerola con agua hirviendo por cinco minutos. Colamos y reservamos.
2. Licuamos el jitomate previamente cocido, los chiles ya hidratados, los cacahuates, los ajos confitados y el vinagre durante dos minutos.
3. Posteriormente, abrimos la tapa para vaciar en forma de hilo el aceite de cacahuate.
4. Salpimentamos con la licuadora aún en movimiento, dejamos por un minuto más. Apagamos.
5. Colocamos en un recipiente con tapa. Refrigeramos.

SALSA MACHA DE CACAHUATE Y PISTACHE

El secreto del sabor de esta salsa recae en la acidez del vinagre de manzana y el perfume que desprenden los aceites naturales del pistache y el cacahuate. Combina perfectamente con todo.

30 MINUTOS | NIVEL DE DIFICULTAD ●●○○ | 8 PORCIONES | **VA BIEN CON:** CHICHARRÓN DE RIB EYE, SOPES DE ARRACHERA, COLIFLOR ROSTIZADA

INGREDIENTES

- 300 g de aceite de girasol
- 12 g de pistaches picados
- 12 g de cacahuates salados sin cáscara picados
- 12 g de ajonjolí
- 10 dientes de ajo confitados picados (recomiendo usar la conserva de la página 33)
- 50 g de chile de árbol picado
- 60 g de chile morita picados
- 12 g de sal
- 36 g de vinagre de manzana

PREPARACIÓN

1. En una sartén a fuego bajo agregamos un poco del aceite de girasol y salteamos los pistaches, los cacahuates y el ajonjolí para que estos suelten sus aceites esenciales y adquieran el sabor tostado necesario para la salsa.
2. Agregamos a la sartén los 10 dientes de ajo confitados previamente picados y los chiles de árbol y morita picados. Mezclamos con una pala de madera sin dejar de mover.
3. En un recipiente de vidrio pequeño disolvemos la sal en el vinagre de manzana.
4. Añadimos poco a poco el vinagre de manzana a la sartén con los frutos secos y los chiles y esperamos hasta que la mezcla reduzca.
5. Incorporamos a la mezcla el aceite de girasol restante y freímos por tres minutos más a fuego bajo.
6. Apagamos el fuego y reservamos en un frasco con tapa. Refrigeramos.

ROMESCO

La romesco es una salsa típica de Cataluña, un elemento característico de su cocina que aprendí durante mis años en España. Los pimientos tatemados le dan su sabor distintivo, es ideal para acompañar un pescado o incluso para disfrutar como *dip*.

8 PORCIONES

VA BIEN CON: MEJILLONES A LA CERVEZA CON CREMOSO, POLLO ROSTIZADO CON PAPAS EN SU JUGO, BRÓCOLI MEDITERRÁNEO

INGREDIENTES

- 3 pimientos rojos
- 1 chile cascabel
- 1 jitomate bola
- 150 g de avellana tostada o tu fruto seco de preferencia
- 12 g de sal
- 12 g de aceite de oliva
- 12 g de vinagre blanco

PREPARACIÓN

1. A fuego directo, tatemamos los pimientos hasta que queden completamente negros. Retiramos y dejamos reposar en una bolsa de plástico cerrada durante 10 minutos aproximadamente.
2. Mientras tanto, hidratamos el chile cascabel en una cacerola con agua hirviendo durante cinco minutos. Colamos y reservamos.
3. Asamos el jitomate en un comal hasta que logremos una textura crujiente sin estar quemada, cuidamos que no se queme de más la piel para no amargar la salsa.
4. Retiramos los pimientos de la bolsa y les quitamos las semillas, así como toda la piel quemada.
5. Colocamos en la licuadora los pimientos ya limpios, el jitomate asado, el chile cascabel hidratado, las avellanas o el fruto seco que se haya elegido, la sal, el aceite de oliva y el vinagre. Licuamos durante tres minutos hasta obtener una consistencia homogénea, quedará un poco espesa.
6. Vertemos en un recipiente de vidrio con tapa. Refrigeramos.
7. Servimos a temperatura ambiente.

SALSA DE AGUACATE Y HOJA SANTA

¡Me encanta el aguacate! Mezclado con la hoja santa, tradicional de Oaxaca y de Veracruz, es un combo de sabor. Esta salsa es muy aromática, y además, les da una vuelta muy interesante a los alimentos; nunca falta en mi refrigerador. Puedes combinarla con unos buenos tacos o con quesadillas. También puede ser la base de un guiso.

15 MINUTOS | NIVEL DE DIFICULTAD ●○○○ | 
8 PORCIONES | 
VA BIEN CON: TAQUITOS DE SUADERO EN COSTRA DE QUESO, SOPES DE ARRACHERA, CARNITAS EXPRÉS

INGREDIENTES

- 300 g de agua
- 300 g de tomates verdes
- 2 hojas santas
- 1 chile manzano fresco
- 2 aguacates
- 2 dientes de ajo confitados (recomiendo usar los de la conserva de la página 33)
- El jugo de dos limones
- 100 g de agua mineral
- 6 g de sal

PREPARACIÓN

1 En una cacerola sin tapa, llevamos a ebullición los 300 gramos de agua y cocemos los tomates verdes durante siete minutos. A los cinco minutos, agregamos las dos hojas santas y blanqueamos* por dos minutos más. Colamos y apartamos.

2 Partimos en dos el chile manzano previamente lavado y apartamos.

3 Licuamos los tomates verdes, las hojas santas y el chile con la pulpa de los dos aguacates, los ajos confitados y el jugo de los dos limones.

4 Una vez licuado lo anterior, añadimos los 100 gramos de agua mineral poco a poco con la licuadora encendida en mínima potencia. Esto agrega una consistencia agradable a la mezcla y nos ayuda a que la salsa se conserve mejor.

5 Rectificamos la sal en la misma licuadora. Retiramos.

6 Vertemos la salsa en un recipiente con tapa y refrigeramos.

** Blanquear es una cocción de corta duración en agua hirviendo, desde unos segundos a dos minutos, según el ingrediente a cocinar. A continuación, requiere de un enfriamiento en agua fría para detener la cocción.*

SALSA MOLCAJETEADA

Es importante preparar esta salsa en molcajete y no en licuadora; este procedimiento siempre aportará mucho más sabor que las aspas, pues permite mantener una textura rugosa, con tropezones.

4 PORCIONES

VA BIEN CON: CHICHARRÓN DE RIB EYE, SOPES DE ARRACHERA, CARNITAS EXPRÉS

INGREDIENTES

- ½ cebolla morada
- 5 tomates verdes
- 2 jitomates guaje
- 2 chiles anchos
- 1 chile morita
- 3 chiles cuaresmeños
- 12 g de sal de Colima
- 7 dientes de ajo confitados (recomiendo usar los de la conserva de la página 33)
- El jugo de un limón

PREPARACIÓN

1. Precalentamos un comal a fuego alto y asamos la cebolla cortada en trozos medianos, al igual que los tomates verdes y jitomates en mitades, con cáscara. Asamos también los chiles anchos, morita y cuaresmeños, todos sin el rabo.
2. Volteamos todos los ingredientes en el comal constantemente hasta que logremos una textura crujiente sin estar quemada, para evitar que amarguen la salsa. Reservamos.
3. En un molcajete grande ponemos primero la sal de Colima, y enseguida los ajos confitados y la cebolla asada (te sugiero cortar la cebolla en trozos más pequeños con la ayuda de un cuchillo, para que sea más fácil el trabajo con el molcajete). Con la ayuda del tejolote o metlapil, esparcimos la mezcla por toda la superficie hasta lograr una capa homogénea.
4. A continuación, vamos agregando los demás ingredientes en el orden de aparición. Molemos de manera envolvente, siempre hacia el mismo lado para que logremos martajar la salsa de manera correcta.
5. Rectificamos sal y añadimos el jugo del limón, poco a poco, hasta que quede el punto exacto de acidez.
6. Servimos al instante.

SALSA TAQUERA DE GUAJILLO

Esta salsa me gusta mucho porque me recuerda a una taquería que se llama Hermanos Luna, que se ubica en la salida del paradero de Mixcoac, en la Ciudad de México. El comino le da un toque muy sabroso.

VA BIEN CON: TAQUITOS DE SUADERO EN COSTRA DE QUESO, POZOLE ROJO, CARNITAS EXPRÉS

INGREDIENTES

- 500 g de agua
- 6 chiles guajillo desvenados y desemillados
- 1 jitomate guaje
- 5 dientes de ajo confitados (recomiendo usar los de la conserva de la página 33)
- ½ cebolla blanca
- 100 g de aceite de oliva
- 1 pizca de comino
- 6 gramos de sal

PREPARACIÓN

1. Llevamos el agua a ebullición en una cacerola. Agregamos los chiles guajillo, el jitomate, los dientes de ajo y la cebolla. Cocemos hasta que estén suaves.
2. Colamos y licuamos todos los ingredientes de la cacerola durante dos minutos a velocidad media.
3. Con la licuadora en movimiento, levantamos la tapa y añadimos el aceite en forma de hilo. La salsa se tornará más clara. Añadimos también el comino y la sal.
4. Retiramos de la licuadora, dejamos enfriar y servimos.

SALSA VERDE PARA TACOS DE CANASTA

¡Ah! Los tacos de canasta: esa maravilla que podemos encontrar en las calles de la Ciudad de México por un precio accesible, sin que por ello sean menos deliciosos. Esta salsa es especial para acompañarlos; es importante que la cebolla y el cilantro estén cortados en trozos grandes para encontrarlos justo así en la salsa final; esto aportará una explosión de sabor al paladar.

15 MINUTOS | NIVEL DE DIFICULTAD  |  8 PORCIONES | **VA BIEN CON:** SOPES DE ARRACHERA, TAQUITOS DE SUADERO EN COSTRA DE QUESO, CHICHARRÓN ESTILO NORTEÑO

INGREDIENTES

- 1 l de agua
- ½ kg de tomates verdes
- 3 chiles serranos
- Sal al gusto
- ½ cebolla blanca picada en cubos medianos
- 60 g de perejil picado en trozos grandes

PREPARACIÓN

1. En una olla con un litro de agua a fuego medio cocemos los tomates y los chiles serranos sin rabo durante 10 minutos. Colamos y reservamos.
2. Licuamos los tomates y los chiles durante dos minutos, añadimos un poco de sal.
3. Vertemos sobre un recipiente y agregamos la cebolla cruda picada en cubos medianos y el perejil picado. Revisamos el punto de sal.
4. Servimos de inmediato.*

** Si la salsa queda un poco ácida, te recomiendo agregar una pizca de bicarbonato de sodio para cambiar su pH.*

SALSA BBQ CON MEZCAL

Me gusta mucho preparar mis propias salsas BBQ para hacer costillas o un brisket. Procuro que no sean demasiado dulces porque luego me empalagan y hay mucha gente que tampoco le gusta lo dulce en la carne. Mi secreto para que quede perfecta es el mezcal, gracias a su aroma y sabor ahumado.

30 MINUTOS | NIVEL DE DIFICULTAD

|  8 PORCIONES | **VA BIEN CON:** ALITAS CROCANTES, TENDERS DE POLLO Y CHIPOTLE CON QUESO, COSTILLAS BBQ

INGREDIENTES

- 36 g de margarina
- ½ cebolla morada finamente picada
- 5 dientes de ajo confitados picados (recomiendo usar los de la conserva de la página 33)
- 100 g de puré de tomate
- 150 g de catsup
- 24 g de salsa inglesa
- 12 g de salsa de soya
- 12 g de ajo en polvo
- 100 g de azúcar mascabado
- 1 pizca de canela en polvo
- 24 g de miel
- 12 g de sal ahumada
- 6 g de pimienta negra molida
- 2 caballitos de mezcal

PREPARACIÓN

1. En una cacerola fundimos la margarina. Agregamos la cebolla y los ajos confitados picados.
2. Incorporamos el puré de tomate, la catsup, la salsa inglesa, la soya, el ajo en polvo, el azúcar mascabado, la canela en polvo y la miel. Movemos constantemente con una pala de madera durante siete minutos a fuego medio. Retiramos.
3. Con la mezcla tibia y con mucho cuidado, vertemos en la licuadora y licuamos durante dos minutos a potencia media.
4. Pasamos por un colador, salpimentamos y agregamos el mezcal. Mezclamos.
5. Reservamos y la utilizamos para aderezar nuestro corte favorito.

CAPÍTULO

4

PARA ABRIR EL APETITO

CHICHARRÓN DE RIB EYE

Este juego de crocantes resulta espectacular para el paladar. La manteca de cerdo hace un gran trabajo en este platillo, pues le da una textura única a la carne; por fuera, el rib eye queda como chicharrón. Por dentro, continúa jugoso y listo para sorprender el paladar de cualquiera. La combinación con el guacamole lo convierte en una botana excepcional.

 30 MINUTOS | NIVEL DE DIFICULTAD  |  4 PORCIONES | **VA BIEN CON:** FIDEO SECO, PULPO ADOBADO, BRÓCOLI MEDITERRÁNEO

INGREDIENTES

Para el guacamole:

- 12 g de sal ahumada
- 3 aguacates
- Jugo de un limón eureka
- Jugo de un limón verde sin semilla
- 2 hojas de aguacate, tatemadas
- ½ kg de jitomate bola picado en cubos pequeños
- ½ kg cebolla morada, finamente picada
- 60 g de cilantro finamente picado
- 12 g de ajo en polvo

Para el rib eye:

- 500 g de rib eye
- 150 g de harina de trigo
- 50 g de fécula de maíz
- 12 g de ajo en polvo
- 12 g de pimentón dulce
- 12 g de pimienta negra molida
- 12 g de cebolla en polvo
- 12 g de sal
- 300 g de manteca de cerdo
- 200 g de aceite de girasol

PREPARACIÓN

Para el guacamole:

1. Colocamos la sal sobre el molcajete en una capa homogénea. Enseguida, añadimos los aguacates y los machacamos con la ayuda del tejolote o meltapil.
2. Incorporamos el jugo de los limones y las hojas de aguacate previamente trituradas. Mezclamos.
3. Agregamos el jitomate picado, la cebolla, el cilantro y el ajo en polvo. Mezclamos perfectamente y reservamos.

Para el rib eye:

1. Cortamos el rib eye en cubos de cuatro centímetros.
2. Aparte, con ayuda de un batidor de globo, mezclamos en un bowl la harina de trigo, la fécula de maíz, el ajo en polvo, el pimentón dulce, la pimienta negra molida, la cebolla en polvo y la sal.
3. Pasamos los cubos de carne por la mezcla de ingredientes secos y los dejamos reposar durante 10 minutos.
4. Por otro lado, en una sartén previamente calentada a 200 °C, fundimos la manteca de cerdo y añadimos poco a poco el aceite de girasol. Movemos con una pala.
5. Ya que la manteca y el aceite estén incorporados, esperamos a que cobren una temperatura de 190 °C y freímos los cubos de carne hasta que queden crocantes.
6. Retiramos la carne de la sartén con ayuda de unas pinzas de metal y la colocamos sobre un papel absorbente.
7. Para emplatar, colocamos una cama de guacamole sobre un molcajete; encima acomodamos los cubos de rib eye.
8. Servimos.

TAQUITOS DE SUADERO EN COSTRA DE QUESO

Los chicharrones y las costras de queso son unos de los antojos más demandados en las taquerías de nuestro país. Saber hacerlos en casa y utilizar una costra como sustituto de una tortilla tradicional les dará un giro sorprendente a nuestros tacos.

 2 HORAS | NIVEL DE DIFICULTAD  |  6 PORCIONES | **VA BIEN CON:** SOPES DE ARRACHERA, POZOLE ROJO, LENGUA A LA VERACRUZANA

INGREDIENTES

Para la carne:

- 600 g de suadero
- ½ cebolla blanca, picada en cortes gruesos
- 1 zanahoria picada en cortes gruesos
- 2 ramas de apio en cortes gruesos
- 2 hojas de laurel
- 2 pimientas gordas
- 3 dientes de ajo
- 2 chiles guajillo desvenados
- Agua, suficiente

Para los tacos:

- 300 g de queso parmesano rallado
- 100 g de cebolla blanca
- 50 g de cilantro picado
- 2 limones
- Salsa de aguacate y hoja santa (ver página 43)

PREPARACIÓN

Para la carne:

1. En una olla exprés colocamos la carne, la cebolla, la zanahoria, el apio, el laurel, las pimientas, los dientes de ajo y los chiles guajillo con suficiente agua para cubrir todos los ingredientes. Tapamos la olla, la ponemos a fuego alto, nos aseguramos de que estén bien colocadas la tapa y la válvula, y esperamos a que la válvula empiece a chiflar.
2. Una vez que la válvula chifla, bajamos el fuego al mínimo y dejamos que la carne y las verduras se cuezan durante una hora.
3. Posteriormente, apagamos la flama para que la olla deje de soltar presión. Hasta que veamos que el pivote de seguridad baja, abrimos.
4. Retiramos la carne y la deshebramos y picamos finamente con un cuchillo.
5. Licuamos las verduras cocidas con el caldo y con un poco de esa mezcla hidratamos la carne picada. Te recomiendo guardar el resto del caldo de cocción para otras preparaciones; por ejemplo, es ideal para preparar un arroz.

Para los tacos:

1. En una sartén de teflón caliente agregamos un poco de queso parmesano de forma circular (aproximadamente 10 centímetros de diámetro, lo que mide una tortilla estándar) y dejamos que se funda.
2. Luego, con la ayuda de una espátula, volteamos la tortilla de queso para que se haga costra de ambos lados.
3. Para finalizar, colocamos un rodillo entre dos vasos y colgamos los discos de queso para que tomen forma de una tortilla doblada. Una vez que estén firmes las rellenamos con el suadero a modo de taco.
4. Servimos los tacos calientitos y acompañamos con salsa de aguacate y hoja santa, cebolla, cilantro y jugo de limón al gusto.

TAQUITOS DE SETAS AL PASTOR

Estos taquitos son una opción deliciosa para cuando no queremos comer carne, pero aun así se nos antojan unos buenos tacos. Las setas les aportan un sabor muy particular: son jugosas y tienen muy buena mordida en el paladar; de todos los hongos son las que más aguantan en cocción.

 1 HORA | NIVEL DE DIFICULTAD  |  4 PORCIONES | **VA BIEN CON:** SALSA MOLCAJETEADA, CEVICHE PASIONAL, PULPO ADOBADO

INGREDIENTES

Para el adobo de pastor:

- 1 l de agua
- 3 chiles guajillo sin semillas
- 1 chile ancho sin semillas
- 2 dientes de ajo
- 60 g de pasta de achiote
- 24 g de vinagre blanco
- ¼ de cebolla blanca
- 12 g de sal
- 200 g de jugo de naranja
- 12 g de margarina

Para los tacos:

- 36 g de margarina
- 400 g de setas finamente fileteadas
- 200 g de adobo de pastor
- 250 g de lechuga romana
- 100 g de piña cortada en cubos pequeños
- ⅕ de cebolla blanca finamente picada
- 24 g de cilantro finamente picado
- 2 limones
- Salsa de aguacate y hoja santa (ver página 43)

PREPARACIÓN

Para el adobo de pastor:

1. Hidratamos los chiles guajillo y ancho (es decir, los ponemos en una cacerola con un litro de agua en ebullición durante cinco minutos, hasta que se suavicen). Colamos.
2. Licuamos el resto de los ingredientes (excepto la margarina) con los chiles durante cinco minutos a velocidad alta.
3. Sofreímos y cocemos la mezcla con la margarina, en una olla a fuego medio alto, durante 20 minutos. Retiramos del fuego y reservamos.

Para los tacos:

1. Calentamos una sartén grande, a fuego alto y durante siete minutos. Añadimos la margarina y las setas fileteadas, previamente lavadas con agua potable. La razón por la cual debe estar previamente caliente la sartén es para evitar que las setas se desjuguen. Sin mover las setas, dejamos que se cocinen durante tres minutos para que agarren buen color. Pasado ese tiempo, salteamos durante tres minutos más para obtener un buen caramelizado.
2. Enseguida, añadimos el adobo previamente preparado, lo suficiente como para que las setas se hidraten, sin que se haga caldoso. Si sobra adobo, podemos dejarlo enfriar y reservar.
3. Una vez que las setas estén bien cubiertas con el adobo, apagamos el fuego y montamos los tacos en hojas de lechuga. Encima, colocamos piña, cebolla, cilantro y limón al gusto.
4. Acompañamos con la salsa de aguacate y hoja santa.

SOPES DE ARRACHERA

Más allá de un plato fuerte, la arrachera puede servir como parte de una buena entrada, al centro. La idea de estos sopes, que me recuerdan a las cantinas del Centro Histórico de la Ciudad de México, es que sean pequeños, del tamaño de una tapa de mermelada. Te recomiendo preparar las cebollas encurtidas con suficiente tiempo de antelación.

 1 HORA | NIVEL DE DIFICULTAD  |  4 PORCIONES | **VA BIEN CON:** SALSA MOLCAJETEADA, CEVICHE PASIONAL, PULPO ADOBADO

INGREDIENTES

Para las cebollas encurtidas:

- 1 cebolla morada
- 200 g de jugo de limón
- 100 g de vinagre blanco
- 100 g de agua
- 6 g de sal
- 2 g de orégano

Para los sopes:

- 500 g de harina de maíz nixtamalizado
- 60 g de caldo de pollo
- 12 g de margarina
- 250 g de frijoles refritos
- 3 dientes de ajo picados
- 600 g de arrachera
- 6 g de sal
- 1 pizca de pimienta
- 100 g de lechuga romana finamente fileteada
- Queso fresco o manchego al gusto
- Crema al gusto
- Cebollas encurtidas al gusto

PREPARACIÓN

Para las cebollas encurtidas:

1. Fileteamos la cebolla en plumas finas.
2. Colocamos el jugo de limón, el vinagre, el agua, la sal, el orégano y las cebollas dentro de un recipiente de cristal. Revolvemos con una cuchara o pala de madera (así evitamos que haya una reacción del metal con el vinagre, y se torne negro) y dejamos macerar durante 12 horas en el refrigerador.

Para los sopes:

1. Mezclamos la harina de maíz con el caldo de pollo hasta que obtengamos una masa suave y homogénea.
2. Con las manos, hacemos bolitas de 60 g cada una. Aplanamos con la misma mano los círculos de masa y los asamos en un comal.
3. Damos la vuelta y con mucho cuidado pellizcamos para crear las orillas del sope. Una vez que la masa está cocida, reservamos los sopes.
4. Por otro lado, fundimos la margarina y sin dejar de mover agregamos el ajo finamente picado, cuidando que no se queme. Añadimos los frijoles y sofreímos. Reservamos luego de cinco minutos.
5. Aparte, salpimentamos la arrachera y la pasamos por una sartén previamente calentada. Llevamos cada lado a cocción durante dos minutos, para lograr un término medio.
6. Dejamos reposar la arrachera durante siete minutos. Posteriormente, cortamos la carne en cubos pequeños.
7. Calentamos los sopes en el comal y retiramos. Montamos con una capa de frijoles y encima, los cubos de carne. Decoramos con lechuga, queso fresco, crema y cebollas encurtidas.

CHICHARRÓN ESTILO NORTEÑO

Viví un tiempo en Monterrey, cuando trabajé para el reconocido chef Guillermo González Beristáin, de Grupo Pangea. Y justo de esa zona del país recuerdo este chicharrón que me provoca una gran nostalgia de esos buenos tiempos.

1 DÍA | NIVEL DE DIFICULTAD

8 PORCIONES | **VA BIEN CON:** CHICHARRÓN DE RIB EYE, PATATAS MUY BRAVAS, CARNITAS EXPRÉS

INGREDIENTES

- 1 kg de pork belly
- 36 g de sal
- 1 kg de manteca de cerdo
- Salsa de aguacate y hoja santa (ver página 43)
- Limones al gusto

PREPARACIÓN

1. Cortamos el pork belly en tiras y lo porcionamos en trozos de siete centímetros de largo, aproximadamente. Esparcimos la sal por toda la carne y reservamos en refrigeración toda la noche, en un recipiente de vidrio con tapa.
2. Al día siguiente, en un nuevo refractario para horno, agregamos la manteca de cerdo y la carne. Llevamos al horno por dos horas a 150 °C.
3. Una vez transcurrido ese tiempo, retiramos la carne junto con la mitad de la manteca del refractario.
4. En una olla, añadimos la manteca que se retiró del refractario y la calentamos en la estufa hasta que alcance una temperatura de 190 °C. Entonces freímos la carne hasta que esté crocante.
5. Con ayuda de unas pinzas de metal retiramos el chicharrón de la olla y lo colocamos sobre papel absorbente.
6. Para servir, acompañamos el chicharrón con la salsa de aguacate y hoja santa y limones.

PATÉ DE HÍGADO DE POLLO CASERO

Los mexicanos siempre hemos tenido la costumbre de untar patés en el pan. Son de las primeras recetas que aprendemos a hacer de niños, y en una reunión, nada mejor que la charcutería para recibir a los invitados.

 4 HORAS |  NIVEL DE DIFICULTAD ●●●● |  12 PORCIONES | **VA BIEN CON:** FIDEO SECO, HAMBURGUESAS FONDUE, FILETE WELLINGTON

INGREDIENTES

- ½ cebolla blanca finamente picada
- 150 g de tocino finamente picado
- 5 dientes de ajo finamente picados
- 250 g de margarina previamente fundida
- ½ kg de hígados de pollo
- 100 g de ron especiado
- 4 huevos
- 12 g de sal del Himalaya
- 5 frascos de vidrio con tapa, con capacidad aproximada de 150 g cada uno

Para el montaje:

- Galletas saladas
- Miel de abeja, al gusto
- Sal de Colima, al gusto

PREPARACIÓN

1. En una sartén caliente agregamos la cebolla, el tocino y el ajo. Incorporamos la mitad de la margarina mientras movemos constantemente.
2. Cuando lo anterior esté bien integrado y comience a soltar jugo, añadimos los hígados de pollo y, una vez que tome temperatura (a la primera ebullición), incorporamos el ron para flambear.* Acercamos la sartén al fuego con mucho cuidado, tomamos distancia para evitar algún tipo de accidente y flambeamos.
3. En cuanto se consume la flama retiramos del fuego y dejamos enfriar a temperatura ambiente por 20 minutos.
4. Vertemos todos los ingredientes de la cocción en la licuadora junto con los huevos crudos. Licuamos a velocidad alta, abrimos la tapa y añadimos en forma de hilo el resto de la margarina fundida y la sal.
5. Retiramos de la licuadora y vaciamos la mezcla en los frascos previamente desinfectados (para desinfectarlos, los hervimos en agua durante 20 minutos).
6. Tapamos cada frasco y los hervimos, a fuego lento y en baño María, por 1 hora 20 minutos.
7. Retiramos los envases de vidrio del fuego y dejamos enfriar. Posteriormente, refrigeramos.
8. Servimos acompañado de galletas saladas, miel y sal de Colima al gusto.

** Flambear significa quemar una bebida alcohólica con la que previamente se ha rociado un alimento, de tal manera que le dé sabor y aroma, al tiempo que se consume el alcohol que contiene.*

MEJILLONES TIGRE

Esta receta me recuerda mucho a cuando viví en España al inicio de mi carrera. Al mismo tiempo que entrenaba en los grandes restaurantes, chambeé en un chiringuito en la playa de Maresme para sacar los gastos, donde los mejillones tigre, además de ser una verdadera delicia, eran uno de los platillos más populares durante el verano.

 4 HORAS | NIVEL DE DIFICULTAD  |  6 PORCIONES | **VA BIEN CON:** TARTAR DE RES, FETUCCINI CARBONARA, POLLO ROSTIZADO CON PAPAS EN SU JUGO

INGREDIENTES

Para la salsa bechamel:

- 100 g de margarina
- 100 g de harina de trigo
- 1 l de leche
- 6 g de sal
- 1 pizca de nuez moscada en polvo

Para los mejillones:

- 24 g de margarina
- 100 g de cebolla blanca finamente picada
- 2 dientes de ajo finamente picados
- 1 kg de mejillones
- 50 g de perejil picado
- 200 g de vino blanco

Para la fritura:

- 100 g de fécula de maíz
- 100 g de panko o pan rallado
- 100 g de harina
- 1 huevo
- 200 g de leche
- 1 l de aceite de canola

PREPARACIÓN

Para la salsa bechamel:

1. En una olla a fuego muy bajo, fundimos la margarina e incorporamos la harina poco a poco.
2. Con ayuda de un batidor de globo, revolvemos hasta obtener una pasta café oscura (conocida como *roux*).
3. Agregamos el *roux*, la leche, la sal y la nuez moscada a la licuadora y licuamos durante un minuto.
4. Vaciamos la mezcla de regreso a la olla a fuego medio alto, removiendo para evitar que se formen grumos, hasta tener una textura espesa, similar a la de la masa de croquetas.
5. Enseguida vaciamos la salsa en un recipiente previamente cubierto con papel film. Dejamos enfriar y refrigeramos.

Para los mejillones:

1. Agregamos la margarina a una olla. Una vez fundida, agregamos la cebolla y el ajo finamente picados y los salteamos.
2. Ya que obtengan un tono dorado, colocamos los mejillones con todo y sus conchas y salteamos durante cinco minutos a fuego alto.
3. Añadimos el perejil picado y el vino blanco. Dejamos cocer por cinco minutos más para que el alcohol del vino se reduzca, con la olla tapada.
4. Con unas pinzas de metal, retiramos los mejillones y los extendemos en una charola.
5. Usando las manos, retiramos la concha superior del mejillón.
6. Aún tibios, rellenamos los mejillones con la salsa bechamel que preparamos con ayuda de una cuchara, hasta que la salsa cubra toda la concha. Congelamos en una charola por dos horas con el fin de que la salsa bechamel y el mejillón tengan una consistencia adecuada para la fritura profunda.

7 En un tazón aparte, para la fritura, mezclamos muy bien la fécula de maíz, el panko y la harina, con un batidor de globo, hasta que se fusionen. Reservamos.
8 En otro recipiente y con la ayuda de un tenedor, mezclamos la leche con el huevo. Reservamos.
9 Retiramos los mejillones del congelador. Aún congelados, pasamos cada uno por los ingredientes secos, y luego, por los líquidos. De nuevo, pasamos los mejillones por los ingredientes secos.
10 En una olla con el aceite de canola a 190 °C, freímos los mejillones en grupos de seis durante cinco minutos. Es importante no rebasar este tiempo, pues de lo contrario nos arriesgamos a que los mejillones se quemen.
11 Retiramos del aceite y colocamos los mejillones en una charola con papel absorbente.
12 Servimos al momento.

MOUSSE DE SALMÓN AHUMADO Y CHILE CHIPOTLE

Este mousse untuoso tiene un sabor muy fresco que complace a todos los paladares. El chipotle le aporta un toque ahumado y picoso, y si utilizas la salsa casera de chipotles en adobo de la página 35 para prepararlo, el dulzor del piloncillo lo saca del estadio.

4 HORAS | NIVEL DE DIFICULTAD  |  15 PORCIONES | **VA BIEN CON:** MEJILLONES A LA CERVEZA CON CREMOSO, ROBALO CON PESTO GENOVESE Y COSTRA DE PISTACHE, POLENTA

INGREDIENTES

- 300 g de salmón ahumado
- 12 g de pasta de chipotle (te recomiendo usar la receta de la página 35)
- 70 g de queso crema
- 60 g de leche
- 60 g de margarina fundida
- 6 g de mostaza Dijon
- 12 g de sal
- 100 g de crema para batir
- 12 g de grenetina en polvo previamente hidratada
- 72 g de agua
- Galletas saladas para servir

PREPARACIÓN

1. Colocamos el salmón ahumado, la pasta de chipotle, el queso crema, la leche, la margarina, la mostaza y la sal en el procesador de alimentos. Procesamos durante dos minutos, hasta obtener una pasta homogénea. Vertemos en un recipiente y reservamos.
2. En un bowl aparte y con ayuda de una batidora, batimos la crema hasta lograr una consistencia que dé picos firmes.
3. Incorporamos la crema a la mezcla de salmón poco a poco y de forma envolvente para que se mantenga el aire.
4. En un recipiente de vidrio hidratamos la grenetina con 72 gramos de agua (seis veces su peso). Cubrimos la grenetina con el agua, revolvemos y calentamos en el microondas durante 30 segundos.
5. Es momento de temperar. Tomamos una cucharada de la mezcla de salmón y la colocamos en el recipiente con la grenetina. Calentamos nuevamente en el microondas durante 30 segundos. Enseguida incorporamos a esta mezcla una cucharada más de la mezcla de salmón, esta vez a temperatura ambiente.
6. Vertemos la nueva mezcla en el recipiente con la crema y el salmón, e incorporamos poco a poco y de forma envolvente.
7. Vertemos en un molde de silicón y refrigeramos durante 3 horas. Una vez que haya cuajado, retiramos el mousse del molde.
8. Servimos acompañado de galletas saladas para botanear.

HUMMUS

La cocina árabe ha dejado su marca en el mundo. Uno de sus platillos más populares es el hummus, la botana perfecta para recibir a tus invitados. No cae pesado y se puede mezclar con muchísimas cosas: desde pesto y alcachofa hasta chiles chipotles. Esta receta es la base, usa tu imaginación para evolucionar su sabor con los ingredientes de tu preferencia.

NIVEL DE DIFICULTAD ●○○○

VA BIEN CON: PALETAS DE CARNE DE CERDO CON SALSA DE YOGUR, FILETE WELLINGTON, TABULE

INGREDIENTES

- 400 g de garbanzos cocidos
- 12 g de sal
- 2 dientes de ajo confitados (recomiendo usar la conserva de la página 33)
- 24 g de pasta de tahini
- 48 g de aceite de oliva
- El jugo de un limón
- Una pizca de zaatar
- 3 panes árabes tostados y cortados en octavos

PREPARACIÓN

1. En un procesador de alimentos agregamos los garbanzos y la sal. Trituramos la mezcla y destapamos el acceso para añadir el ajo, la pasta de tahini, 36 gramos del aceite de oliva y el jugo de limón.
2. Servimos con los 12 gramos de aceite de oliva restantes, una pizca de zaatar y el pan árabe tostado.

PALETAS DE CARNE DE CERDO CON SALSA DE YOGUR (TZATZIKI)

Recuerdo con mucho cariño mis paseos por los locales de kebabs tan populares en Estados Unidos, donde estas paletas son muy populares; acompañadas por el tzatziki, una mezcla ácida proveniente de Grecia y Turquía, resultan gloriosas como botana.

 2 HORAS | NIVEL DE DIFICULTAD  |  6 PORCIONES | **VA BIEN CON:** HUMMUS, BERENJENAS RELLENAS, TABULE

INGREDIENTES

Para el tzatziki:

- 36 g de menta fresca picada
- 150 g de pepino pelado picado y desemillado
- 300 g de yogur griego natural
- El jugo de un limón
- 1 diente de ajo picado
- 6 g de pimienta molida
- 36 g de aceite de oliva
- Zaatar al gusto, para adornar

Para las paletas de cerdo:

- 100 g de cous cous hidratado
- 400 g de carne de cerdo molida
- 6 g de pimienta negra molida
- 60 g de hierbabuena, picada finamente
- 1 pizca de comino
- ¼ de cebolla morada, picada finamente
- 24 g de margarina fundida
- 12 g de harina
- 12 palitos de madera para brochetas

PREPARACIÓN

Para el tzatziki:

1. Picamos finamente la menta y el pepino, pelado y sin semillas.
2. Mezclamos lo anterior en un bowl, con ayuda de un batidor de globo, con el yogur, el jugo de limón, el ajo y la pimienta.
3. Agregamos como adorno un poco de aceite de oliva en la parte superior, sin remover, y un poco de zaatar. Reservamos.

Para las paletas de carne:

1. Hidratamos el cous cous en un bowl, cubriéndolo con agua hirviendo durante 30 minutos. Colamos y reservamos.
2. Mezclamos la carne de cerdo con el resto de los ingredientes en un bowl y dejamos reposar por 30 minutos.
3. Luego, hacemos bolitas de cinco centímetros de diámetro y las ensartamos en los palitos de madera.
4. Precalentamos el horno a 180 °C. Horneamos durante 25 minutos en una charola sin engrasar.
5. Retiramos las paletas del horno y las servimos calientes; acompañamos con el tzatziki.

ROLLOS PRIMAVERA DE CERDO AGRIDULCE

¿Quién no disfruta de un rollo primavera? Descubrí esta entrada de joven, cuando iba a comer a los restaurantes de comida china en avenida Revolución con mis papás. Se trata de una entrada rica y crocante, pero con mucho sabor en su interior, que con la salsa agridulce se vuelve todo un manjar.

 1 HORA | NIVEL DE DIFICULTAD ●●●○ |  10 PORCIONES |  **VA BIEN CON:** TAQUITOS DE SETAS AL PASTOR, PORK BELLY PRENSADO, COSTILLAS BBQ

INGREDIENTES

Para los rollos:

- 1 zanahoria finamente fileteada
- 36 g de aceite de cacahuate
- 2 hojas de col finamente fileteadas
- 1 apio finamente fileteado
- ½ cebolla morada finamente fileteada
- 3 dientes de ajo finamente picados
- 300 g de carne de cerdo molida
- 10 láminas de pasta wonton (se consiguen en tiendas de productos orientales)
- Agua, la necesaria

Para la salsa de soya:

- 24 g de salsa de soya con limón
- 6 g de ajonjolí tostado
- 1 manojo de cebollín picado finamente

Para la salsa agridulce:

- 12 g de fécula de maíz
- 12 g de agua
- 200 g de caldo de pollo
- 24 g de azúcar
- 3 gotas de colorante rojo
- Sal y pimienta al gusto

PREPARACIÓN

Para los rollos primavera:

1. Calentamos un wok u olla circular a fuego alto durante cinco minutos para que esté bien caliente. Agregamos la zanahoria y vertemos el aceite de cacahuate (en ese orden). Salteamos constantemente y, sin dejar de mover, añadimos las hojas de col, el apio, la cebolla morada y los dientes de ajo, con un lapso de tres minutos entre cada uno.
2. Incorporamos la carne de cerdo molida, removemos por unos minutos hasta que esté bien cocida.
3. Una vez finalizada la cocción, dejamos enfriar en un colador y reservamos el jugo de la cocción.
4. Rellenamos las láminas de wonton con la mezcla de verduras y cerdo necesaria, creamos 10 rollitos del mismo tamaño. Es muy importante que los extremos de los rollitos queden sin relleno para poder hacer un doblez estilo burrito que permita cubrir las verduras y así evitar que se salgan a la hora de la fritura. Antes de enrollar, mojamos un poco las orillas de la lámina con ayuda de una brocha, doblamos los extremos hacia el centro y enrollamos.
5. Una vez enrollados, dejamos reposar los rollos por 15 minutos en el congelador, sin tapar.

6 Mientras tanto, calentamos el aceite de girasol hasta que alcance los 190 °C.

7 Retiramos los rollitos del congelador y los freímos en el aceite, en grupos de cinco, manteniendo la temperatura. Cuidamos en todo momento que no se quemen, pues la cocción es muy rápida, y que no se peguen entre sí.

8 Una vez que tomen un color bronceado, retiramos los rollos y los colocamos en una charola con papel absorbente.

Para la salsa de soya con limón:

1 Mezclamos la salsa de soya con limón con el jugo de la cocción de las verduras previamente reservado.

2 Decoramos con ajonjolí y cebollín picado.

Para la salsa agridulce:

1 En un recipiente de vidrio pequeño, cubrimos la fécula de maíz con el agua y revolvemos. Reservamos.

2 En una cacerola hervimos el caldo con el azúcar y el colorante. Una vez que llegue a punto de ebullición agregamos la fécula previamente hidratada. Cocemos durante cinco minutos, moviendo constantemente para que la salsa no se pegue a la olla.

3 Retiramos del fuego y servimos a temperatura ambiente.

ALITAS CROCANTES

Me declaro un amante de las alitas. Me encanta que se desplace la carne del hueso. Una buena salsa que las acompañe es importante para que sepan aún más ricas; te recomiendo dippearlas con aderezo ranch o blue cheese, que se consiguen en todos lados.

 2 HORAS | NIVEL DE DIFICULTAD  |  6 PORCIONES | **VA BIEN CON:** TENDERS DE POLLO Y CHIPOTLE CON QUESO, NACHOS DE COMPETENCIA, MAC AND CHEESE

INGREDIENTES

- ½ kg de alas de pollo (solo muslos)
- 3 l de agua
- 12 g de sal

Para el empanizado:

- 100 g de harina de trigo
- 70 g de fécula de maíz
- 12 g de pimentón rojo
- 60 g de hojuelas de maíz trituradas
- 12 g de sal
- 200 g de leche
- 3 huevos
- 1 l de aceite de girasol

Para la salsa hot:

- 350 g de salsa estilo botanera
- 60 g de mantequilla fundida
- 24 g de salsa inglesa
- 36 g de vinagre blanco
- 12 g de ajo en polvo

Para servir:

- Bastones de apio
- Bastones de zanahoria
- Aderezo blue cheese o ranch

PREPARACIÓN

Procedimiento para alitas:

1 Limpiamos bien las alitas para que no quede rastro de plumas; nos cercioramos de que no venga la punta del ala. Enjuagamos en el chorro de agua fría.

2 Cocemos las alitas con piel en una cacerola con el agua y la sal durante 20 minutos. Las escurrimos y las secamos muy bien con papel absorbente. Enseguida, pasamos las alitas a una charola y las refrigeramos por una hora.

3 Mientras tanto, mezclamos la harina de trigo, la fécula de maíz, el pimentón, las hojuelas de maíz trituradas y la sal con la ayuda de una cuchara. Reservamos.

4 Aparte, en otro recipiente, batimos con un tenedor la leche y los huevos.

5 Pasamos cada alita por los ingredientes secos, después por los líquidos, y nuevamente por los secos. En esta última parte, presionamos para que los secos se adhieran bien. Reservamos en una charola.

6 Calentamos el aceite de girasol en una cacerola profunda. Con ayuda del termómetro digital, verificamos que la temperatura esté a 190 °C.

7 Con mucho cuidado y con la ayuda de una pinza larga de metal, sumergimos las alitas en el aceite, en grupos de siete, durante cuatro minutos, hasta que cobren un color bronceado. Retiramos y colocamos sobre una charola cubierta con papel absorbente.

8 Una vez terminado el primer grupo de alitas, dejamos que el aceite recupere la temperatura de 190 °C y repetimos el procedimiento con un nuevo grupo.

9 Aparte, mezclamos todos los ingredientes para la salsa hot en una cacerola a fuego medio y llevamos a ebullición durante dos minutos.

10 Antes de servir bañamos las alitas fritas y ya sin exceso de grasa con la salsa en un tazón.

11 Podemos acompañarlas en un platón con bastones de apio y zanahoria, y aderezo ranch o blue cheese.

TENDERS DE POLLO Y CHIPOTLE CON QUESO

Los tenders de pollo son insignia de la comida confortable. La receta es muy versátil porque gusta a chicos y a grandes por igual. Esta botana también puede servir como plato fuerte si se complementa con una ensalada como entrada.

 3 HORAS | NIVEL DE DIFICULTAD  |  12 PORCIONES | **VA BIEN CON:** HAMBURGUESAS FONDUE, COSTILLAS BBQ, GALLETAS DE AVENA CON ARÁNDANO

INGREDIENTES

Para los tenders:

- 500 g de pechuga de pollo sin hueso
- 6 g de sal
- 36 g de pasta de chipotle (ver página 35)
- 150 g de fécula de maíz
- 2 huevos
- 24 g de miel de maple
- 150 g de panko o pan rallado
- 1 l de aceite de girasol

Para el queso:

- 12 g de pasta de chipotle (ver página 35)
- 300 g de queso cheddar líquido (del que venden en el supermercado para nachos)

PREPARACIÓN

Para los tenders:

1 Cortamos la pechuga de pollo en tiras. Las marinamos con la sal y la pasta de chipotle durante dos horas en el refrigerador, en un recipiente de vidrio tapado.

2 Retiramos del refrigerador y pasamos las tiras por la fécula de maíz, después por el huevo previamente revuelto con la miel de maple y, por último, por el panko.

3 Calentamos el aceite a 190 °C y freimos los tenders en tandas de 10 durante cinco minutos o hasta que tomen el bronceado de nuestra preferencia.

4 Retiramos de la fritura y colocamos sobre un papel absorbente.

Para el queso:

1 Combinamos la pasta de chipotle con el queso y calentamos en el microondas durante 30 segundos, para que esté tibio. Si queremos que pique más, agregamos un poco más de la pasta de chipotle y revolvemos.

2 Servimos los tenders en un platón y acompañamos con el queso aparte.

NACHOS DE COMPETENCIA

Soy aficionado de los nachos. Son una botana muy sencilla que acompañada por un buen *dip* de queso resulta un combo de placer. A mí no me gusta ponerles crema, pero si alguien los prefiere así, adelante. Es una receta tan sencilla y versátil que permite esta y otras licencias.

 1 HORA | NIVEL DE DIFICULTAD ●○○○ |  6 PORCIONES |  **VA BIEN CON:** PULPO ADOBADO, HAMBURGUESAS FONDUE, COSTILLAS BBQ

INGREDIENTES

Para el guacamole:

- 2 aguacates
- El jugo de dos limones
- Un manojo de jalapeños encurtidos picados finamente
- 6 g de sal

Para los frijoles:

- 24 g de manteca de cerdo
- ½ cebolla blanca, finamente picada
- 3 dientes de ajo, finamente picados
- 250 g de frijoles refritos

Para la carne:

- 6 g de sal
- 12 g de ajo en polvo
- 6 g de pimienta molida
- 400 g de puntas de filete cortadas en cubos
- 24 g de aceite de oliva

Para los nachos:

- 100 g de chorizo rojo picado en cubos pequeños
- 400 g de totopos
- 150 g de queso para nachos
- 1 jitomate bola, picado en cubos pequeños
- 100 g de jalapeños encurtidos en rodajas

PREPARACIÓN

Para el guacamole:

1 Machacamos los aguacates con la ayuda de un tenedor. Incorporamos el resto de los ingredientes y reservamos con plástico film al contacto a temperatura ambiente.

Para los frijoles:

1 En una sartén caliente agregamos la manteca de cerdo, añadimos la cebolla y el ajo picados hasta caramelizar.

2 Enseguida, añadimos los frijoles refritos y los sofreímos con la mezcla. Reservamos.

Para la carne:

1 Mezclamos la sal, el ajo en polvo y la pimienta molida. Con esta mezcla salpimentamos la carne por ambos lados.

2 En una sartén muy caliente agregamos el aceite y las puntas de filete. Freímos. Para alcanzar un buen sellado cuidemos que ningún cubo quede pegado a otro durante la cocción.

Para los nachos:

1 En una sartén muy caliente, sellamos los cubos de chorizo hasta que suelten su grasa y tengan un aspecto cocido. Reservamos.

2 Vaciamos los totopos en un refractario y los cubrimos con el queso. Encima de esto, colocamos los frijoles, el guacamole, el chorizo, el jitomate, los jalapeños y hasta arriba la carne.

3 Servimos.

ROSCA DE FRITURAS

Este es un gusto culposo que me recuerda muchísimo a mi niñez, cuando después de la escuela me acercaba al carrito de papas. Yo mismo llegué a vender estas roscas de frituras en la prepa para generar algo de dinero. ¡No hay edad para dejar de disfrutarlas!

 4 HORAS | NIVEL DE DIFICULTAD ●●●○ |  6 PORCIONES |  VA BIEN CON: FIDEO SECO, LASAÑA, ENSALADA DE PERA ROSTIZADA Y ROQUEFORT

INGREDIENTES

- 250 g de jarabe de maíz
- 80 g de chile en polvo con limón
- 60 g de salsa de chamoy
- 200 g de frituras
- ¼ de barra de mantequilla
- Salsa estilo botanera o de chamoy para acompañar

PREPARACIÓN

1. En una olla a fuego bajo, calentamos el jarabe de maíz junto con el chile en polvo y la salsa de chamoy. Movemos con una pala de madera durante siete minutos. Hay que hacerlo con mucho cuidado, pues la mezcla toma una temperatura muy alta.
2. Aparte, en un bowl, mezclamos las frituras.
3. Vaciamos la salsa caliente sobre las frituras y mezclamos bien con la misma pala de madera.
4. Vertemos la mezcla en un molde en forma de rosca previamente engrasado con mantequilla.
5. Dejamos enfriar a temperatura ambiente durante tres horas.
6. Para servir desmoldamos con mucho cuidado sobre un plato extendido y acompañamos con salsa de chamoy o estilo botanera.

CAPÍTULO

5

PRIMERA LLAMADA

CEVICHE EMULSIONADO

Los ceviches suelen ser muy agradables para cualquier paladar gracias a la combinación de ácidos y grasas. En Sinaloa hay infinidad de preparaciones, su textura, sabor y técnica es maravillosa. El ceviche emulsionado es una de sus presentaciones.

45 MINUTOS | NIVEL DE DIFICULTAD  | 2 PORCIONES | **VA BIEN CON:** MEJILLONES TIGRE, PULPO ADOBADO, ROBALO CON PESTO GENOVESE Y COSTRA DE PISTACHE

INGREDIENTES

- 250 g de filete de robalo
- 12 g de sal
- 12 g de azúcar
- 100 g de callo de almeja
- 60 g de jugo de limón
- 50 g de caldo de pescado*
- 24 g de aceite de ajo confitado (recomiendo usar el de la conserva de la página 33)
- 36 g de aceite de oliva
- ½ aguacate
- 100 g de camote cocido picado en cubos pequeños
- ¼ de cebolla morada fileteada
- 24 g de salsa macha
- 12 g de aceite de oliva para decorar
- 12 g de pimienta rosa

PREPARACIÓN

1. Cortamos el robalo en tiras delgadas.
2. En un plato extendido, mezclamos la sal y el azúcar con la ayuda de una cuchara.
3. Maceramos las tiras de robalo en la mezcla de sal y azúcar. Dejamos reposar durante 30 minutos.
4. Mientras tanto, en un bowl aparte, mezclamos 80 gramos del callo de almeja y 12 gramos del jugo de limón.
5. Retiramos el exceso de azúcar y sal de las tiras de robalo y mezclamos con la almeja y el jugo.
6. Aparte, licuamos el jugo de limón restante con el resto del callo de almeja y el caldo de pescado durante 15 segundos. Colamos la mezcla y la regresamos a la licuadora.
7. Con la licuadora en movimiento a velocidad media, abrimos la tapa y añadimos a modo de hilo el aceite de ajo y el aceite de oliva para generar una emulsión.
8. Para emplatar, vertemos primero la salsa de la licuadora sobre un plato extendido. Encima, colocamos las tiras de pescado y el callo de almeja; acompañamos con tiras de aguacate, los cubos de camote cocido, la cebolla morada, salsa macha, aceite de oliva y pimienta rosa.

** Para hacer un caldo de pescado, cocemos en una olla los huesos y las espinas del pescado con todo y cabeza con una mezcla de verduras que puede ser cebolla, ajo, zanahoria y apio, y sal al gusto. Dejamos reducir el caldo durante dos horas para tener un fondo concentrado de pescado. Antes de utilizarlo es necesario que lo colemos.*

AGUACHILE DE CAMARÓN

El aguachile es el platillo por excelencia de las costas del Pacífico mexicano. Desde Sonora hasta Colima, su preparación varía según los tipos de camarones y de chiles que se utilizan en cada estado. ¡Es ideal para revivir de una buena fiesta!

45 MINUTOS | NIVEL DE DIFICULTAD  |  2 PORCIONES | **VA BIEN CON:** TARTAR DE RES, SALMÓN HOJALDRADO, PAELLA

INGREDIENTES

- 600 g de camarón grande limpio y sin cáscara
- 2 chiles serranos
- 1 chile habanero
- 6 g de sal
- 240 g de jugo de limón
- 48 g de cilantro
- 200 g de pepino pelado y picado en cubos
- ½ aguacate
- 24 g de aceite de oliva

PREPARACIÓN

1. Mantenemos los camarones en un bowl (preferiblemente de acero inoxidable) tapado y en refrigeración durante toda la preparación para que no pierdan temperatura y mantengan su frescor.
2. Comenzamos licuando durante dos minutos a velocidad alta los chiles serranos y el habanero sin rabo, la sal, el jugo de limón y el cilantro. Colamos la mezcla.
3. Retiramos el bowl con los camarones del refrigerador y añadimos la mezcla de los chiles. Tapamos y dejamos marinar durante 30 minutos de vuelta en el refrigerador.
4. Pasado ese tiempo servimos en un plato hondo con el pepino, el aguacate y aceite de oliva al gusto.

LECHE DE TIGRE CON HUACHINANGO

Hoy es muy fácil encontrar ceviches y diferentes preparaciones con pescado en todo el mundo. Una de mis favoritas es la leche de tigre que además de ser fácil de digerir, es una preparación ideal para aportar el nivel justo de acidez a los pescados.

30 MINUTOS | NIVEL DE DIFICULTAD  |  4 PORCIONES | **VA BIEN CON:** AGUACHILE DE CAMARÓN, PULPO CON PESTO, GNOCCHI ALFREDO

INGREDIENTES

- 350 g de filete de huachinango
- 150 g de jugo de limón
- ½ chile habanero
- 120 g de apio
- ½ diente de ajo
- 240 g de caldo de pescado*
- 12 g de sal
- 3 g de pimienta

Para el montaje:

- 3 hojas de lechuga orejona
- 120 g de granos de elote cocido
- 100 g de camote cocido picado en cubos pequeños
- 3 tostones de plátano
- ⅛ de cebolla morada
- 12 g de aceite de oliva

PREPARACIÓN

1 Cortamos el filete de pescado en cubos de dos centímetros y reservamos en un recipiente.

2 Enseguida, licuamos por un minuto a velocidad alta tres de los cubos de pescado con el jugo de limón, el chile habanero, el apio, el ajo, el caldo de pescado, la sal y la pimienta. A la mezcla resultante se le llama leche de tigre.

3 Colamos la mezcla y la vertemos sobre el resto de los cubos de pescado. Dejamos reposar durante cinco minutos.

4 En una copa colocamos las hojas de lechuga, los granos de elote, el camote, los tostones, la cebolla morada fileteada y el aceite de oliva. Encima, vertemos la leche de tigre junto con los cubos de pescado y servimos.

** Para hacer un caldo de pescado, cocemos en una olla los huesos y las espinas del pescado con todo y cabeza con una mezcla de verduras que puede ser cebolla, ajo, zanahoria y apio, y sal al gusto. Dejamos reducir el caldo durante dos horas para tener un fondo concentrado de pescado. Antes de utilizarlo es necesario que lo colemos.*

CEVICHE PASIONAL

Este ceviche resulta una de las entradas más prácticas, frescas y ligeras, que no compite con el plato fuerte y sin embargo, abre el apetito. Los champiñones le dan una nueva dimensión, pues aportan una textura más densa que contrasta a la perfección con la ligereza del pescado.

 30 MINUTOS | NIVEL DE DIFICULTAD 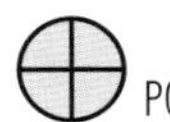 |  4 PORCIONES | **VA BIEN CON:** SOPES DE ARRACHERA, RISOTTO DE AZAFRÁN, ROBALO CON PESTO GENOVESE Y COSTRA DE PISTACHE

INGREDIENTES

- 150 g de robalo
- 150 g de camarón limpio y sin cáscara
- 12 g de sal de Colima
- 12 g de pasta de chipotle más un poco adicional para decorar (ver receta en la página 35)
- 24 g de aceite de oliva más un poco adicional para decorar
- 12 g de azúcar refinada
- El jugo de un limón
- 100 g de jugo de maracuyá
- 1 hoja de hierba santa más un poco adicional para decorar
- 100 g de cebolla morada
- 100 g de caldo de camarón
- Sal al gusto
- 100 g de champiñones cocidos y cortados en cubos

PREPARACIÓN

1. Cortamos los filetes de robalo y los camarones en cubos de dos centímetros. Maceramos con la sal, la pasta de chipotle, el aceite de oliva y el azúcar por cuatro minutos en un recipiente de cristal destapado a temperatura ambiente.
2. Por otro lado, licuamos durante dos minutos el jugo de limón, el jugo de maracuyá, la hierba santa, la cebolla y el caldo de camarón con tres cubos de pescado. Revisamos el punto de sal y sazonamos al gusto.
3. Vertemos la mezcla anterior sobre el resto de los cubos de pescado y los camarones, agregamos también los champiñones cortados en cubos.
4. Para servir, colocamos los cubos sobre un plato extendido junto con los champiñones, bañamos con un poco más de la salsa y decoramos con un poco de hierba santa finamente fileteada, pasta de chipotle y aceite de oliva.

MEJILLONES A LA CERVEZA CON CREMOSO

Cuando estuve en Bélgica, mis amigos me enseñaron cómo comer mejillones y hacer este platillo tan típico, en el cual te ayudas con una de las conchas para poder comer el siguiente mejillón. Es una entrada dinámica, divertida y muy fresca.

 1 HORA | NIVEL DE DIFICULTAD  |  4 PORCIONES | **VA BIEN CON:** PULPO ADOBADO, FILETE WELLINGTON, ESCALIVADA

INGREDIENTES

- 36 g de margarina
- ½ cebolla blanca picada
- 2 dientes de ajo cortados en láminas finas
- 600 g de mejillones previamente enjuagados en agua al tiempo
- 400 g de cerveza clara a temperatura ambiente
- 300 g de queso crema
- 24 g de perejil picado
- 100 g de crema para batir

PREPARACIÓN

1. En una sartén caliente agregamos la margarina, la cebolla picada y el ajo laminado. Salteamos durante tres minutos y, pasado este tiempo, agregamos los mejillones con todo y concha.
2. Cuando comience a salir vapor de la mezcla, agregamos la cerveza clara y tapamos. Dejamos en el fuego durante cinco minutos.
3. Mientras tanto, en la batidora, agregamos el queso crema y el perejil picado. Enseguida y sin dejar de batir, incorporamos poco a poco la crema para batir hasta que esté todo mezclado.
4. Colocamos la mezcla recién batida en una duya (manga pastelera).
5. Retiramos la tapa superior de la concha de los mejillones.
6. Por último, emplatamos los mejillones en un plato hondo junto con el caldo de la cocción, y ayudados por la duya, colocamos el cremoso encima. Servimos.

PULPO CON PESTO

A muchas personas se les dificulta el pulpo, pues temen que les quede chicloso. Sin embargo, hay dos técnicas que a mí me han servido para que quede en su punto: la primera –la tradicional–, cocerlo durante 1 hora 20 minutos en una olla con agua hirviendo, sal y algunos aromáticos; la segunda, en la olla exprés, sin nada de agua, aceite ni condimentos, durante 10 minutos a partir de que empieza a pitar la válvula de la olla. Aquí utilizo la primera.

 2 HORAS | NIVEL DE DIFICULTAD ●●●● | 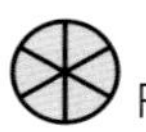 6 PORCIONES |  **VA BIEN CON:** CHICHARRÓN DE RIB EYE, PATATAS MUY BRAVAS, PAELLA

INGREDIENTES

Para el pulpo:

- 5 l de agua
- 2 hojas de laurel
- 3 dientes de ajo
- 3 pimientas gordas
- ½ cebolla blanca
- 1.5 kg de pulpo

Para el pesto:

- 200 g de albahaca fresca
- 24 g de queso parmesano rallado
- 24 g de piñón blanco
- 150 g de aceite de oliva
- 6 g de sal

PREPARACIÓN

1. Llevamos el agua a ebullición en una olla junto con las hojas de laurel, los dientes de ajo pelados, las pimientas gordas y la cebolla cortada en trozos grandes.
2. Agregamos el pulpo, limpio de tinta y pluma (así lo pedimos en la pescadería). Cocinamos por 1 hora 20 minutos (hora y cuarto si estás a nivel del mar) a fuego alto, con tapa.
3. Aparte, para el pesto, licuamos durante un minuto a velocidad media la albahaca, el queso parmesano rallado, el piñón blanco, el aceite de oliva y la sal. Reservamos.
4. Retiramos el pulpo de la de la olla con ayuda de unas pinzas de metal. Recomiendo probar un pedazo pequeño (de preferencia de la parte más gruesa del tentáculo) para corroborar que esté cocido. Si aún está chicloso lo devolvemos a la olla durante un par de minutos más, cuidándolo de cerca para que no se pase.
5. Una vez que el pulpo esté en su punto, descartamos la cabeza y cortamos los tentáculos en trozos de cinco centímetros. En un bowl, los maceramos con el pesto durante tres minutos.
6. Servimos bien caliente.

TARTAR DE RES

El tartar es uno de los platos de carne cruda más afamados. Aquí, la calidad de la carne lo es todo: tiene que ser filete y estar superfresca. Es un platillo que me gusta compartir mucho con mi esposa, nos trae muy buenos recuerdos.

 2 HORAS | NIVEL DE DIFICULTAD  |  2 PORCIONES | **VA BIEN CON:** CANELONES, COLIFLOR ROSTIZADA, PANNA COTTA

INGREDIENTES

Para el tartar de res:

- 300 g de filete de res
- 50 g de alcaparras
- 50 g de echalote
- 12 g de mostaza Dijon
- 12 g de perejil picado
- El jugo de medio limón eureka
- 36 g de aceite de oliva
- 1 yema de huevo
- 1 pizca de pimienta negra recién molida
- 24 g de aceitunas verdes picadas
- Sal al gusto

Para las papas a la francesa:

- 2 papas alfa
- 2 litros de agua
- 12 g de vinagre blanco
- 500 g de aceite de girasol
- 100 g de fécula de maíz
- 12 g de sal
- 60 g de queso parmesano

PREPARACIÓN

Para el tartar de res:

1. Es importante que pidamos el filete de res lo más fresco posible y en la misma mañana que se preparará la tártara para que la carne esté muy fresca. Tiene que ser de muy buena calidad el corte.
2. Con un cuchillo filoso picamos los 300 gramos de filete de res de manera fina y uniforme, como si se tratara de una carne molida en molino. El secreto de una buena carne tártara es el molido al cuchillo durante la preparación.
3. Mezclamos en un bowl todos los ingredientes con la carne ya picada a mano, corroboramos punto de sal. Dejamos macerar durante 15 minutos a temperatura ambiente.
4. Con la ayuda de un aro de cocina de 15 centímetros de diámetro, acomodamos la mezcla hasta que cubra todo el aro. Presionamos con una cuchara sopera para que se forme el bloque de la tártara. Desmoldamos en un plato extendido, con mucho cuidado.

Para las papas a la francesa:

1. Pelamos las papas y las cortamos en bastones.
2. Hervimos los bastones durante siete minutos en agua con un poco de vinagre blanco.
3. Retiramos, secamos perfectamente con papel absorbente, pasamos los bastones por fécula de maíz para que queden bien cubiertos, y retiramos el excedente.
4. En una olla, llevamos el aceite a una temperatura de 200 °C y freímos las papas en grupos de 14 bastones durante tres a cinco minutos, sin dejar de mover con una pala para que queden uniformes.
5. Retiramos las papas del aceite y las colocamos sobre un papel absorbente para retirar el exceso de grasa.
6. Añadimos la sal y antes de servir al lado de la tártara, espolvoreamos con el queso parmesano rallado.

FIDEO SECO

El fideo seco es la receta casera mexicana por excelencia, suele ser heredada entre las familias. Resulta ideal porque rinde muy bien, es fácil de preparar, no quita mucho tiempo y a todo el mundo le gusta. Es perfecta para cuando llegan a comer invitados improvisados a la casa, pues se hace de volada.

1 HORA |  |  4 PORCIONES | **VA BIEN CON:** PULPO ADOBADO, POLLO ROSTIZADO CON PAPAS EN SU JUGO, BRÓCOLI MEDITERRÁNEO

INGREDIENTES

Para el caldillo:

- 500 g de jitomate bola
- ½ cebolla blanca
- 1 diente de ajo pelado
- 36 g de pasta de chipotle (ver página 35)
- 250 g de caldo de pollo

Para los fideos:

- 100 g de aceite de girasol
- 350 g de fideos cortos
- 100 g de queso fresco en cubos
- ½ aguacate rebanado
- 24 g de crema fresca

PREPARACIÓN

1. Licuamos los jitomates, la cebolla, el diente de ajo, la pasta de chipotle y el caldo de pollo durante tres minutos, a máxima potencia. Colamos y reservamos.
2. En una olla a fuego medio agregamos el aceite de girasol, esperamos a que esté a 190 °C y añadimos los fideos crudos para freírlos. Movemos constantemente hasta que adopten un color oscuro-dorado.
3. Quitamos el excedente de aceite de la olla y vertemos el caldillo hasta que cubra bien los fideos. Cocinamos destapados hasta que estén secos, pero melosos.
4. Servimos los fideos con queso fresco, aguacate y crema encima.

PATATAS MUY BRAVAS

Uno de los grandes favoritos del «tapeo» o entradas de la cocina española. Con los años se ha vuelto muy popular en México. Esta receta me recuerda a mi paso por las cocinas profesionales en España, donde entrené como chef.

 1 HORA | NIVEL DE DIFICULTAD  |  4 PORCIONES | **VA BIEN CON:** PULPO ADOBADO, POLLO ROSTIZADO CON PAPAS EN SU JUGO, BRÓCOLI MEDITERRÁNEO

INGREDIENTES

Para la salsa brava:

- 60 g de aceite de oliva
- ¼ de cebolla blanca picada
- 1 diente de ajo picado
- 12 g de pimentón rojo
- 2 jitomates guajes licuados
- 2 chiles de árbol limpios y desvenados
- 12 g de harina
- 240 g de caldo de pollo
- 12 g de mayonesa

Para las papas:

- 500 g de aceite de girasol
- 2 papas alfa
- Sal al gusto
- Pimienta al gusto

PREPARACIÓN

Para la salsa brava:

1. En una sartén caliente vertemos el aceite de oliva y sofreímos la cebolla y el ajo picado y pelado. Cuando adquieran un tono dorado, añadimos el pimentón y movemos.
2. Incorporamos el jitomate licuado y los chiles de árbol. Dejamos que dé un hervor.
3. Mientras tanto, con la ayuda de un batidor de globo, mezclamos en un recipiente de vidrio pequeño la harina con el caldo de pollo hasta que adquiera consistencia y vertemos sobre la salsa en la sartén.
4. Agregamos la mayonesa y mezclamos. Cocinamos hasta tener la textura deseada y sazonamos al gusto.

Para las papas:

1. Calentamos el aceite de girasol a 195 °C y freímos las papas cortadas en cubos medianos (podemos pelarlas o no, es a nuestro gusto), durante cinco a siete minutos. Procuramos que el aceite no aumente más su temperatura para que no se quemen; revisamos con el termómetro digital que se mantenga como al inicio.
2. Retiramos las papas de la fritura y las colocamos sobre un papel absorbente para remover el exceso de grasa. Salpimentamos al gusto.
3. Servimos las papas en un recipiente. Acompañamos con la salsa aparte.

PORK BELLY PRENSADO

El pork belly es uno de los cortes más utilizados por los cocineros contemporáneos. Es maravilloso debido a la versatilidad de su carne, como lo demuestra este prensado, que permite que esté crocante por fuera y tierna por dentro. ¡Una delicia!

 10 HORAS | NIVEL DE DIFICULTAD  |  6 PORCIONES | **VA BIEN CON:** SALMÓN HOJALDRADO, ESCALIVADA, CRÈME BRÛLÉE

INGREDIENTES

Para el pork belly:

- 1.5 kg de pork belly
- 24 g de sal
- Pimienta, al gusto
- 36 g de aceite de oliva
- 5 dientes de ajo
- ½ cebolla blanca
- 2 zanahorias
- 600 g de caldo de pollo
- 2 hojas de laurel
- 1 rama de tomillo

Para las cebollas caramelizadas:

- 2 cebollas moradas
- 70 g de aceite
- 6 g de sal

PREPARACIÓN

Para el pork belly:

1. Con ayuda de un cuchillo filoso cortamos una cuadrícula en el área de la grasa del pork belly, sin llegar a tocar la carne. Sazonamos con sal y pimienta sobre las líneas de la cuadrícula. Reservamos.
2. Precalentamos el horno a 190 °C.
3. Calentamos una sartén durante cinco minutos, agregamos el aceite de oliva y salteamos los dientes de ajo pelados, la cebolla picada y las zanahorias cortadas en cubos medianos durante 12 minutos, hasta que caramelicen. Retiramos del fuego.
4. Enseguida acomodamos las verduras ya cocidas en un refractario y colocamos encima el pork belly con el lado de la grasa cuadriculada hacia arriba.
5. Bañamos la pieza con el caldo de pollo. Añadimos las hojas de laurel y el tomillo, y tapamos con papel aluminio. Horneamos a 190 °C por tres horas.
6. Retiramos del horno y colocamos la carne en una charola.
7. Encima del pork belly colocamos otra charola y un par de moldes o latas encima, con la intención de hacer peso y presión sobre la carne. También podemos envolver las dos charolas con papel film, si lo preferimos, y así generar presión para prensar el pork belly. Dejamos enfriar a temperatura ambiente.
8. Reservamos en el refrigerador sin destapar durante seis horas.

Para las cebollas caramelizadas:

1. Cerca de la hora de servir, fileteamos las cebollas finamente.
2. Calentamos una sartén durante cinco minutos, agregamos la cebolla y encima añadimos el aceite. Dejamos que las cebollas se sellen durante dos minutos sin mover.

3 Pasado ese tiempo, agregamos la sal y mezclamos para que las cebollas se empiecen a caramelizar.
4 Una vez que empiecen a tomar un tono café, retiramos del fuego.

Para el montaje:

1 Calentamos el pork belly en el horno a 180 °C durante 20 minutos.
2 Colocamos una cama de cebollas caramelizadas sobre el plato en el que serviremos el platillo y encima colocamos la carne. Servimos bien caliente.

CAPÍTULO

6

EL PLATO ESTELAR

POZOLE ROJO

En México el pozole es sinónimo de amor, de ser bienvenido en un hogar, de tradición. Ideal para las fiestas patrias o para una comida de domingo, es otro de los platillos que podemos preparar en familia y que crea comunión entre todos.

 5 HORAS | NIVEL DE DIFICULTAD ●●●● |  10 PORCIONES |  **VA BIEN CON:** SOPES DE ARRACHERA, CHICHARRÓN ESTILO NORTEÑO, FIDEO SECO

INGREDIENTES

- Agua, la necesaria
- 500 g de maíz pozolero
- 1½ cebolla blanca
- 1 cabeza y 2 dientes de ajo
- 5 chiles guajillos limpios
- 3 chiles anchos limpios
- 3 pimientas gordas
- 4 cucharadas de sal
- 24 g de orégano
- 24 g de aceite de canola
- 3 kg de carne de cerdo (pierna, cabeza y espaldilla)
- 2 patas de cerdo
- 4 hojas de laurel

Para el montaje:

- Lechuga fileteada al gusto
- Rábanos rebanados al gusto
- Cebolla blanca picada al gusto
- Orégano al gusto
- Limón al gusto
- Tostadas al gusto

PREPARACIÓN

1. Enjuagamos el maíz pozolero (se consigue así en el supermercado) y lo hervimos, destapado y a fuego alto, junto con una cebolla en trozos grandes y la cabeza de ajo dividida en dos durante 40 minutos. Cuidamos que el agua cubra los granos completamente. Una vez pasado ese tiempo colamos los granos y los reservamos.
2. Aparte, para el adobo, hervimos los chiles, la media cebolla restante y los dos dientes de ajo pelados junto con las pimientas gordas, la sal y el orégano en una olla con un litro de agua durante 10 minutos.
3. Enseguida, vertemos todo el contenido de la olla en la licuadora y licuamos durante dos o tres minutos, hasta que esté bien incorporada la mezcla. Colamos y reservamos.
4. Ponemos un poco de aceite de canola en una olla y sellamos la carne de cerdo. Agregamos seis litros de agua, el adobo y las hojas de laurel y llevamos a cocción durante dos horas y media a fuego alto, con tapa. Removemos la espuma y la grasa que se forma encima del caldo de vez en cuando. Si es necesario, agregamos un poco de agua adicional.
5. Una vez que la carne esté cocida, la separamos del caldo. La desmenuzamos y quitamos los huesos; ya desmenuzada, la devolvemos al caldo. Ajustamos el punto de sal.
6. Incorporamos los granos cocidos que habíamos reservado y cocemos durante otros 30 minutos.
7. Servimos el pozole y acompañamos en la mesa con cazuelas de lechuga, rábanos, cebolla picada, orégano, limón y tostadas.

CHILES EN NOGADA

El chile en nogada es uno de los platillos más representativos de la gastronomía mexicana. Y aunque las recetas varían, su sabor es muy característico. Hay quienes lo comen capeado y quienes lo comen sin capear. A mí, en lo personal, me gusta más sin capear. Recuerda remojar las nueces para la nogada con leche desde una noche anterior.

 3 HORAS | NIVEL DE DIFICULTAD ●●●● |  8 PORCIONES |  **VA BIEN CON:** ENSALADA DE PERA ROSTIZADA Y ROQUEFORT, COLIFLOR ROSTIZADA, PASTEL DE CHOCOLATE EN CAPAS

INGREDIENTES

Para el relleno:

- 60 g de aceite de canola
- 36 g de ajo pelado finamente picado
- 1 cebolla blanca mediana, finamente picada
- 3 jitomates bola molidos y colados
- 1 kg de carne molida de res
- 12 g de canela en polvo
- 3 g de clavo de olor molido
- 6 g de tomillo
- 6 g de orégano seco
- 200 g de pasitas
- 250 g de almendras, peladas y picadas
- 350 g de plátano macho frito y cortado en cubos chicos
- 240 g de calabaza cristalizada
- 36 g de jerez seco
- 240 g de peras verdes peladas y picadas en cubos medianos
- 240 g de manzanas rojas peladas y picadas en cubos medianos
- 240 g de peras amarillas peladas y picadas en cubos medianos
- 12 g de sal
- 3 g de pimienta negra molida

Para los chiles:

- 240 g de aceite de canola
- 8 chiles poblanos

Para la nogada:

- 1 kg de nueces de Castilla, frescas y peladas
- 1 l de leche
- 50 g de almendras peladas
- 460 g de crema para batir a temperatura ambiente
- 190 g de queso crema a temperatura ambiente
- 90 g de queso de cabra a temperatura ambiente
- 120 g de vino de jerez seco
- 12 g de azúcar

Presentación:

- Hojas de perejil al gusto
- 500 g de granada roja desgranada

PREPARACIÓN

Para el relleno:

1 En una sartén grande calentamos el aceite y freímos el ajo y la cebolla, hasta que se doren ligeramente. Incorporamos el jitomate ya molido y colado y cocinamos durante 10 minutos, moviendo de forma constante con una pala y sin tapar.

2 Agregamos la carne molida de res y seguimos moviendo con frecuencia para evitar que se pegue a la sartén.

3 Una vez que la carne esté cocida, añadimos la canela, el clavo, el tomillo, el orégano, las pasitas, las almendras, el plátano macho y la calabaza cristalizada. Mezclamos.

4 Enseguida, vertemos el jerez de manera uniforme por toda la mezcla.
5 Dejamos que la mezcla se cocine durante 15 minutos y entonces añadimos las manzanas y peras picadas. Con esto evitaremos que se batan.
6 Añadimos la sal y la pimienta y cocinamos por cinco minutos más, mientras movemos con la pala de manera envolvente y para el mismo lado. Una vez listo, retiramos del fuego y reservamos a temperatura ambiente, en la misma sartén tapada.

Para los chiles:

1 En una olla calentamos el aceite a 190 °C.
2 Hacemos una incisión en la punta y pedúnculo de los chiles. Esto evitará que al contacto con el aceite, el chile se infle y explote.
3 Con ayuda de una pinza de metal, freímos cada chile por todos lados hasta que la piel se dore. En promedio, lo hacemos durante 30 segundos por cada lado.
4 Escurrimos los chiles en papel absorbente para quitar el exceso de grasa. Dejamos que bajen un poco de temperatura y los metemos en una bolsa gruesa de plástico durante 10 minutos, el objetivo es que «suden» y se pueda retirar mejor la piel.
5 Pasado el tiempo, con mucho cuidado retiramos los chiles de la bolsa y les quitamos todo el exceso de piel bajo el chorro de agua.
6 Posteriormente, hacemos una abertura transversal por uno de los lados de los chiles y removemos las venas y semillas. Recomiendo hacerlo con guantes para evitar «enchilarnos» las manos.
7 En una charola colocamos los chiles con abertura hacia arriba y los rellenamos con el relleno previamente reservado, cuidando que el chile no se rompa. Reservamos.

Para la nogada:

1 Colocamos las nueces en un recipiente de vidrio lo suficientemente hondo. Añadimos leche hasta cubrirlas todas. Dejamos reposar en el refrigerador durante 12 horas.
2 Al día siguiente colamos las nueces y reservamos solamente 700 gramos de leche, descartamos el resto.
3 Licuamos las nueces, la leche reservada, las almendras y la crema para batir durante cinco minutos a velocidad media.
4 Luego bajamos la velocidad a la mínima potencia y añadimos poco a poco el queso crema y el queso de cabra.
5 Enseguida incorporamos el jerez poco a poco. Añadimos el azúcar y continuamos licuando durante cuatro minutos más.
6 Cuando obtengamos una mezcla homogénea retiramos de la licuadora y reservamos.

Para el montaje:

1 En un plato extendido y con la ayuda de un cucharón vertemos un poco de la nogada para crear un «espejo». Encima, colocamos el chile y lo bañamos con la nogada, dejando el rabo y la punta del chile a la vista.
2 En la parte superior del chile colocamos las hojas de perejil y alrededor colocamos los granos de granada. Esto para simular la bandera mexicana.
3 Servimos.

TAMALES DE SALSA VERDE

Me gusta mucho hacer tamales en casa. Sinceramente, no los hago a mano, sino con batidora, y quedan bastante buenos. Aquí te comparto mi receta de tamales de salsa verde con pollo, un relleno muy tradicional y del gusto de todos.

 3 HORAS |  NIVEL DE DIFICULTAD ●●●● |  12 PORCIONES | **VA BIEN CON:** CHICHARRÓN DE RIBE EYE, ROLLOS PRIMAVERA DE CERDO AGRIDULCE, ÉCLAIRS

INGREDIENTES

Para la masa de tamal:

- 250 g de manteca de cerdo
- 1 kg de masa de maíz nixtamalizado (masa para tortillas)
- 180 g de caldo de pollo
- 6 g de sal
- 3 hojas santas, finamente picadas
- 12 g de polvo para hornear

Para el relleno:

- 8 tomates verdes
- 5 dientes de ajo pelados y picados
- ¼ cebolla blanca picada
- 1 chile serrano
- 1 chile poblano
- 500 g de caldo de pollo
- 3 pechugas de pollo desmenuzadas
- Hojas de plátano, las necesarias
- 15 almendras peladas

PREPARACIÓN

Para la masa de tamal:

1. En un bowl de vidrio, colocamos la manteca de cerdo y la acremamos con ayuda de la batidora.
2. Añadimos poco a poco la masa de maíz, el caldo de pollo, la sal, la hoja santa y el polvo para hornear.
3. Una vez que esté todo bien incorporado, reservamos la mezcla y la dejamos reposar durante 15 minutos, tapada y a temperatura ambiente.
4. Para revisar si está lista ponemos un poco de la masa en un recipiente con agua; si flota significa que está en su punto.

Para el relleno:

1. Empezamos preparando la salsa: hervimos los tomates con los ajos, la cebolla y los chiles durante siete minutos. Pasado ese tiempo, colamos y licuamos a velocidad media junto con el caldo de pollo hasta obtener una mezcla homogénea.
2. Colocamos la mezcla obtenida en una olla o cacerola y cocinamos durante 10 minutos a fuego medio. Ajustamos el punto de sal.
3. Enseguida, añadimos el pollo deshebrado; movemos con ayuda de una pala hasta que lo cubra bien la salsa. Dejamos cocinar durante otros 10 minutos. Verificamos el punto de sal y reservamos a temperatura ambiente.

Para ensamblar los tamales:

1. Cortamos las hojas de plátano en cuadrados de 20 x 20 cm.
2. Pasamos las hojas de plátano por la llama de la estufa con ayuda de las pinzas de metal durante 30 segundos, sin dejar de mover, para que la hoja pueda ser maleable.
3. Retiramos del fuego y colocamos las hojas sobre una charola con el lado brillante hacia abajo.

4. Al centro de cada hoja colocamos 100 gramos de la masa de tamal y encima una almendra. Presionamos con ayuda de una cuchara para aplanar ligeramente, cuidando que la mezcla se mantenga en medio de la hoja y que queden aproximadamente cinco centímetros libres por cada lado.
5. Encima de la masa, colocamos dos cucharadas soperas de la mezcla del pollo con la salsa. Repetimos el proceso con cada hoja hasta tener unos 12 tamales
6. Con mucho cuidado envolvemos la preparación, haciendo una especie de «sobre» de cuatro lados.
7. Colocamos un litro de agua en el fondo de una vaporera de estufa y encima la rejilla sin que toque el agua.
8. Colocamos los tamales sobre la rejilla en tandas de tres. Tapamos la olla y cocemos durante dos horas a fuego bajo.
9. Para revisar si el tamal está listo retiramos la hoja con cuidado: si desprende un poco de la masa del tamal, está en su punto.
10. Una vez listos, retiramos los tamales de la olla y servimos calientitos.

LENGUA A LA VERACRUZANA

La lengua a la veracruzana es un platillo que suelo servir en la cena de Navidad, pues les gusta mucho a mis papás. Se puede cortar transversal o a lo largo, según sea nuestra preferencia. Combina perfecto con un buen arroz a la mexicana.

 3 HORAS | NIVEL DE DIFICULTAD ●●●● | 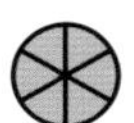 6 PORCIONES |  **VA BIEN CON:** TAQUITOS DE SUADERO EN COSTRA DE QUESO, CEVICHE EMULSIONADO, PAPAS PANADERA

INGREDIENTES

Para la lengua:

- 1 lengua de res
- Agua, la suficiente
- 1 cebolla blanca
- 3 hojas de laurel
- 3 pimientas gordas
- 1 ramita de tomillo
- 24 g de sal

Para la salsa:

- 24 g de aceite de canola
- 1 cebolla blanca mediana finamente picada
- 3 dientes de ajo pelados y picados
- 5 jitomates saladet picados en cubos
- 2 chiles güeros
- 100 g de puré de tomate
- 100 g de aceitunas verdes sin hueso
- 40 g de alcaparras
- 50 g de perejil finamente picado
- 240 g del caldo de cocción de la lengua
- Sal al gusto
- 70 g de cilantro finamente picado

PREPARACIÓN

1. Colocamos la lengua en la olla exprés y la cubrimos totalmente con agua. Añadimos la cebolla troceada en cuatro partes, las hojas de laurel, las pimientas, el tomillo y la sal.
2. Llevamos a cocción durante 40 minutos a fuego medio. Pasado este tiempo, apagamos y no quitamos la válvula hasta que el pivote de seguridad haya bajado.
3. Colamos la lengua y reservamos 240 gramos del caldo resultante.
4. Aparte, preparamos la salsa. En una olla caliente, sofreímos la cebolla y el ajo con el aceite. Incorporamos el jitomate picado y los chiles güeros, mezclamos y cocemos durante ocho minutos a fuego medio.
5. Enseguida agregamos el puré de tomate, cocemos durante otros dos minutos, y después añadimos las aceitunas y las alcaparras drenadas, y el perejil. Mezclamos.
6. Añadimos poco a poco el caldo reservado de la cocción de la lengua. Dejamos cocinar a fuego bajo durante otros 20 minutos y verificamos el punto de sal. Debe tener una consistencia espesa, como toda buena salsa veracruzana.
7. Antes de servir colocamos la lengua cocida sobre una tabla para picar, le limpiamos la cutícula con un cuchillo para que quede solo la carne, y la rebanamos en filetes de dos o tres centímetros de ancho, dependiendo el gusto.
8. Colocamos un espejo de salsa sobre un plato extendido y encima acomodamos la lengua fileteada.
9. Servimos y adornamos con el cilantro.

CARNITAS EXPRÉS

¿A quién no le gustan las carnitas? Y si se pueden hacer en olla exprés, mejor. Este platillo típico de Michoacán se ha extendido por todo el país como uno de los clásicos para los fines de semana. Bien dicen que tan importantes son las carnitas como las tortillas con las que se hacen los tacos y la salsa con la que se complementa; recomiendo la salsa molcajeteada.

 3 HORAS | NIVEL DE DIFICULTAD  |  12 PORCIONES | **VA BIEN CON:** SALSA MOLCAJETEADA, CHICHARRÓN ESTILO NORTEÑO, MEJILLONES A LA CERVEZA CON CREMOSO

INGREDIENTES

- 3 kg de carne de cerdo variada
- 60 g de sal
- 1 kg de manteca de cerdo
- 5 hojas de laurel
- 7 pimientas gordas
- 1 cebolla blanca
- 10 dientes de ajo pelados
- 1 l de jugo de naranja
- 1 lata de leche evaporada

Para el montaje:

- ½ kg de tortillas de maíz
- Cebolla morada picada al gusto
- Cilantro picado al gusto
- Limones al gusto
- Salsa molcajeteada (ver página 45)
- Sal al gusto

PREPARACIÓN

1. Cortamos la carne en trozos, salamos y reservamos.
2. En una olla exprés a fuego bajo fundimos la manteca hasta que esté completamente líquida. Enseguida añadimos la carne troceada, el laurel, las pimientas, la cebolla partida en cuatro y los dientes de ajo pelados.
3. Vertemos el jugo de naranja y la leche evaporada. Cerramos la olla exprés y cocemos durante 30 minutos hasta que comience a liberar vapor. Retiramos del calor.
4. Una vez que el pivote haya bajado podemos abrir la olla. Sacamos la carne y la colamos con ayuda de un colador grande. Descartamos el resto de los elementos de la cocción.
5. Servimos las carnitas acompañadas de tortillas de maíz, cebolla picada, cilantro, limón y salsa para preparar tacos a la mesa.

COCHINITA PIBIL

Siempre creí que la cochinita era seca, así se come en el centro de la República, hasta que fui a Mérida, donde es caldosa, llena de sabor y con una melosidad característica que la convierte en un platillo único. No por nada es la bandera oficial de la gastronomía yucateca.

 5 HORAS | NIVEL DE DIFICULTAD  |  12 PORCIONES | **VA BIEN CON:** CHICHARRÓN DE RIB EYE, MOUSSE DE SALMÓN AHUMADO Y CHILE CHIPOTLE, AGUACHILE DE CAMARÓN

INGREDIENTES

Para la cochinita pibil:

- 3 hojas de plátano lo suficientemente grandes
- 2 kg de pork belly
- 2 patas de cerdo
- 24 g de sal
- 600 g de pasta de achiote
- 2 l de jugo de naranja fresco
- 5 clavos de olor
- 7 pimientas gordas
- 12 g de orégano

Para el xnipec (salsa yucateca estilo pico de gallo):

- 2 cebollas moradas
- 100 g de agua
- 7 chiles habaneros
- El jugo de 6 limones
- 50 g de vinagre blanco
- 2 o 3 g de orégano
- 2 pimientas gordas
- Sal al gusto

Para el montaje:

- Tortillas de maíz
- Limones

PREPARACIÓN

Para la cochinita pibil:

1. Precalentamos el horno a 190 °C.
2. Pasamos las hojas de plátano por la lumbre de la estufa, con ayuda de unas pinzas largas de metal, hasta que estén suaves.
3. Retiramos del fuego y colocamos las hojas sobre un refractario, creando una especie de «cama», con un excedente que más adelante nos permita envolver a la carne. Reservamos.
4. Con ayuda de un cuchillo limpiamos el exceso de grasa del pork belly.
5. Cortamos el pork belly y las patas en cubos grandes, los mezclamos, salamos y dejamos reposar mientras preparamos el adobo.
6. Para el adobo, licuamos a velocidad media la pasta de achiote con el jugo de naranja y las especias durante cinco minutos. Reservamos.
7. Colocamos la carne encima de las hojas de plátano de modo que quede distribuida por todo el refractario.
8. Vertemos el adobo sobre la carne y la envolvemos con las hojas de plátano de manera horizontal y vertical, para formar un «sobre».
9. Horneamos durante tres horas.
10. Pasado ese tiempo, retiramos del horno, abrimos el «sobre», y con ayuda de dos tenedores, deshebramos la carne. Movemos con una pala de madera.

Para el xnipec:

1. Cortamos las cebollas en plumas finas y las dejamos reposar en agua, con un poco de sal, durante 10 minutos. Esto para desflemarlas.
2. Retiramos el rabo de los chiles habaneros y los rebanamos en plumas finas; mantenemos las semillas, para el sabor picoso. Los mezclamos en un bowl con el jugo de limón, el vinagre, el orégano y las pimientas.

3 Colamos las cebollas y las incorporamos a la mezcla de chiles; ajustamos el punto de sal. Dejamos macerar durante dos horas.

Para el montaje:

1 Servimos la cochinita bien caliente en un refractario, acompañada por el xnipec, tortillas y limones para hacer tacos.

PULPO ADOBADO

A todo el mundo le da miedo cocinar el pulpo porque es fácil que quede chicloso. Sin embargo, con esta receta no tendrás ese problema. Además, al asar el pulpo toma una consistencia ligeramente crocante y el adobo brinda toda una explosión de sabor.

 3 HORAS | NIVEL DE DIFICULTAD ●●●● |  6 PORCIONES |  **VA BIEN CON:** LECHE DE TIGRE CON HUACHINANGO, ROBALO CON PESTO GENOVESE Y COSTRA DE PISTACHE, COLIFLOR ROSTIZADA

INGREDIENTES

- 5 litros de agua
- 5 hojas de laurel
- 5 dientes de ajo pelados
- 3 pimientas gordas
- 1 cebolla blanca
- 1 pulpo grande (1.5 kg)
- 12 g de aceite de oliva

Para el adobo:

- 2 chiles guajillo limpios
- 36 g de mayonesa
- 24 g de salsa estilo botanera
- El jugo de un limón
- 6 g de sal ahumada
- 6 g de ajo en polvo

PREPARACIÓN

1. Llevamos el agua a ebullición en una olla junto con las hojas de laurel, los dientes de ajo pelados, las pimientas gordas y la cebolla cortada en cuartos.
2. Agregamos el pulpo, limpio de tinta y pluma (así lo pedimos en la pescadería). Cocinamos durante 1 hora 20 minutos (hora y cuarto si estás a nivel del mar) a fuego alto, con tapa.
3. Retiramos el pulpo de la olla con ayuda de unas pinzas de metal. Recomiendo probar un pedazo pequeño (de preferencia de la parte más gruesa del tentáculo) para corroborar que esté cocido. Si aún está chicloso lo devolvemos a la olla por un par de minutos más, cuidándolo de cerca para que no se pase.
4. Una vez que el pulpo esté en su punto descartamos la cabeza y cortamos los tentáculos al gusto.
5. Para el adobo, hidratamos los chiles en una cacerola con agua hirviendo durante cinco minutos. Pasado ese tiempo, retiramos los chiles del agua.
6. Pasamos los chiles a la licuadora y los licuamos junto con la mayonesa, la salsa estilo botanera, el limón, la sal ahumada y el ajo en polvo hasta obtener una pasta homogénea.
7. Con ayuda de una brocha de cocina barnizamos los trozos de pulpo hasta que queden bien cubiertos con el adobo.
8. Precalentamos una plancha en la estufa y la engrasamos con el aceite de oliva.
9. Sellamos los tentáculos durante un minuto y por ambos lados con ayuda de unas pinzas largas de metal. Cuidamos que la cocción caramelice el adobo de manera uniforme.
10. Servimos en un plato extendido con un poco de adobo aparte.

LASAÑA

La lasaña es un plato 100% familiar, todos pueden participar en su elaboración, sobre todo en el montaje. Es sencilla de preparar, deliciosa y rendidora. El secreto para que quede perfecta es permitir que la pasta se cueza con el jugo del relleno al momento de hornear. Hay para gusto de todos, mi consentida es con salsa bechamel y carne molida.

 3 HORAS | NIVEL DE DIFICULTAD ●●○○ |  8 PORCIONES |  **VA BIEN CON:** CEVICHE PASIONAL, ENSALADA DE PERA ROSTIZADA Y ROQUEFORT, COLIFLOR ROSTIZADA

INGREDIENTES

Para la salsa bechamel:

- 150 g de margarina
- 120 g de harina de trigo
- 700 g de leche
- ¼ de cebolla blanca
- 6 g de nuez moscada en polvo

Para el relleno:

- 100 g de aceite de oliva
- ¼ de cebolla blanca, finamente picada
- Tres dientes de ajo, sin bulbo y cortados en láminas
- 300 g de carne molida de cerdo
- 300 g de carne molida de res
- 200 g de vino tinto
- 600 g de puré de tomate
- 1 ramita de romero fresco

Para el montaje:

- 1 paquete de láminas de lasaña precocida
- 400 g de queso mozzarella rallado

PREPARACIÓN

Para la salsa bechamel:

1. Fundimos la margarina en una olla bien caliente; una vez fundida apagamos el fuego e incorporamos la harina de golpe. Con ayuda de una pala de madera mezclamos hasta que quede una pasta homogénea y encendemos nuevamente el fuego. Movemos en círculos de forma constante hasta obtener una pasta dorada, mas no café, esto quiere decir que ya está cocida la harina.
2. Retiramos del fuego y vertemos la mezcla en una licuadora junto con la leche, cebolla y nuez moscada. Trabajamos por un minuto. Esto nos ayudará a que nuestra bechamel no tenga grumos.
3. Regresamos a la olla y encendemos el fuego. Movemos, raspando el fondo, hasta obtener la textura deseada: debe ser espesa, un poco más que un atole.
4. Vaciamos en un recipiente previamente cubierto con papel film. Dejamos enfriar y reservamos en el refrigerador.

Para el relleno:

1. En una sartén caliente vertemos el aceite de oliva y salteamos la cebolla y el ajo. Cuando estén traslúcidos agregamos la carne de cerdo y de res.
2. Añadimos el vino tinto en forma de hilo constante, movemos con una pala de madera mientras la dejamos reducir durante 10 minutos, sin tapar.
3. Añadimos el puré de tomate y el romero fresco. Incorporamos bien y dejamos cocer durante 10 minutos más sin tapar, a fuego medio bajo. Es importante que el relleno tenga suficiente líquido, esto será lo que cocerá las láminas de lasaña durante el horneado.

Para el montaje:

1 Precalentamos el horno a 190 °C.

2 Colocamos una primera capa del relleno al fondo de un refractario, esto ayudará a que la pasta esté bien hidratada y no se pegue al recipiente.

3 Encima, colocamos una capa de lasaña «cruda» y sobre esta otra capa de relleno.

4 Agregamos una capa de salsa bechamel, dispersa sobre la carne de manera uniforme, y añadimos una capa de queso mozzarella rallado encima.

5 Repetimos el proceso hasta llenar nuestro refractario, cuidando que la última capa sea de nuestro relleno de carne con bechamel y queso.

6 Horneamos durante 30 a 40 minutos, hasta que el queso de arriba esté gratinado a nuestro gusto.

7 Servimos.

PIZZA DE DOS MANERAS

La pizza es tan rica que hasta fría sabe buena. A mí me gusta que la masa sea delgadita, porque se hace en menos de 10 minutos en el horno y sabe deliciosa. Te dejo dos opciones de *toppings* como guía, pero puedes dejar fluir tu creatividad.

 3 HORAS | NIVEL DE DIFICULTAD  |  6 PORCIONES | **VA BIEN CON:** ALITAS CROCANTES, TENDERS DE POLLO Y CHIPOTLE CON QUESO, MAC AND CHEESE

INGREDIENTES

Para la masa:

- 500 g de harina de fuerza
- 300 g de agua fría
- 7 g de levadura seca
- 10 g de sal refinada
- 15 g de aceite de oliva
- Sémola de trigo (opcional)

Para la salsa:

- 36 g de aceite de oliva
- ¼ de cebolla blanca finamente picada
- 3 dientes de ajo pelados y picados
- 400 g de puré de tomate
- 6 g de orégano
- 1 rama de albahaca
- Sal al gusto
- Pimienta al gusto

Para el ensamblado (napolitana):

- 300 g de mozzarella
- 250 g de queso de búfala
- 150 g de queso parmesano
- Aceite de oliva al gusto
- 6 hojas de albahaca fresca

Para el ensamblado (pesto):

- 150 g de hojas de albahaca
- 100 ml de aceite de oliva
- 70 g de piñón
- 12 g de queso parmesano
- 2 g de sal
- 150 g de jamón york
- 150 g de queso cheddar

PREPARACIÓN

Para la masa:

1 Vertemos la harina sobre la encimera de la cocina y con los dedos creamos un cuenco al centro.

2 Vertemos el agua, la levadura, la sal y el aceite al interior del cuenco. Empezamos a mezclar del centro hacia afuera, incorporando la harina gradualmente de los extremos hacia el interior del cuenco, hasta formar una masa homogénea.

3 Amasamos durante cinco minutos.

4 Engrasamos un bowl con un poco de aceite de oliva y depositamos en él la masa. Cubrimos con papel film y la dejamos reposar durante 30 minutos a temperatura ambiente.

5 Destapamos, retiramos la masa del bowl y la amasamos nuevamente. Dividimos la masa en bolas de 230 gramos. Las devolvemos al bowl, cubrimos nuevamente con papel film y dejamos reposar durante 30 minutos adicionales a temperatura ambiente.

6 Pasado ese tiempo, espolvoreamos harina, o de forma opcional la sémola de trigo, en una superficie lisa. Colocamos una de las bolas de masa y con la punta de los dedos de ambas manos, aplanamos del centro hacia afuera, poco a poco, hasta lograr

una base circular. Dejamos en la orilla un centímetro o dos para la costra. Este paso se debe hacer justo antes de ensamblar la pizza, cuando tanto la salsa como los *toppings* están listos para el armado.

Para la salsa:

1 En una olla a fuego medio vertemos el aceite de oliva y salteamos la cebolla y el ajo picados, hasta que caramelicen.
2 Incorporamos el puré de tomate y mezclamos con el orégano y la albahaca. Dejamos reducir entre siete y 10 minutos, debe quedar poco líquido en la olla.
3 Sazonamos con sal y pimienta. Reservamos.

Para el ensamblado:

1 Precalentamos el horno a su temperatura máxima. Si tenemos piedra para pizza es importante ingresarla desde este momento para que se vaya calentando (la piedra no debe engrasarse, esta oscurecerá con el paso del tiempo, pero no será necesario engrasarla).
2 De lo contrario, engrasamos dos charolas grandes con un poco de aceite de oliva esparcido con la ayuda de una toalla de papel absorbente.
3 Colocamos las bases circulares de masa sobre las dos charolas. Esparcimos la salsa con la ayuda de un cucharón, del centro hacia afuera, sin barnizar la costra.
4 Acomodamos encima los ingredientes de nuestra elección. Puedes hacer que la pizza entera sea de un solo sabor, o prepararla de dos sabores distintos, uno por mitad.
   Para la pizza napolitana: colocamos todos los ingredientes de manera uniforme y aliñamos con un poco de aceite de oliva. Reservamos las hojas de albahaca, estas las colocamos una vez que la pizza haya salido del horno para que se mantengan frescas.
   Para la pizza de pesto: colocamos todos los ingredientes salvo el jamón york y el queso cheddar en el procesador de alimentos y los trabajamos durante uno o dos minutos para hacer el pesto. Mientras tanto, acomodamos sobre las bases de masa el jamón y el cheddar de manera uniforme. Reservamos el pesto para aplicarlo después de hornear.
5 Horneamos a temperatura máxima durante 10 minutos (lo ideal son 320 °C, pero no te preocupes si tu horno no llega a esa temperatura, utiliza la temperatura máxima y agrega cinco minutos al tiempo de cocción por cada 20 grados menos: 15 minutos a 300 °C, 20 minutos a 280 °C, y así sucesivamente). Monitoreamos la cocción.
6 Una vez que salga del horno, dejamos reposar por cinco minutos. En el caso de la pizza pesto bañamos con la salsa. En la pizza napolitana, colocamos las hojas de albahaca.
7 Con ayuda de un cortador de pizza las porcionamos y servimos al centro.

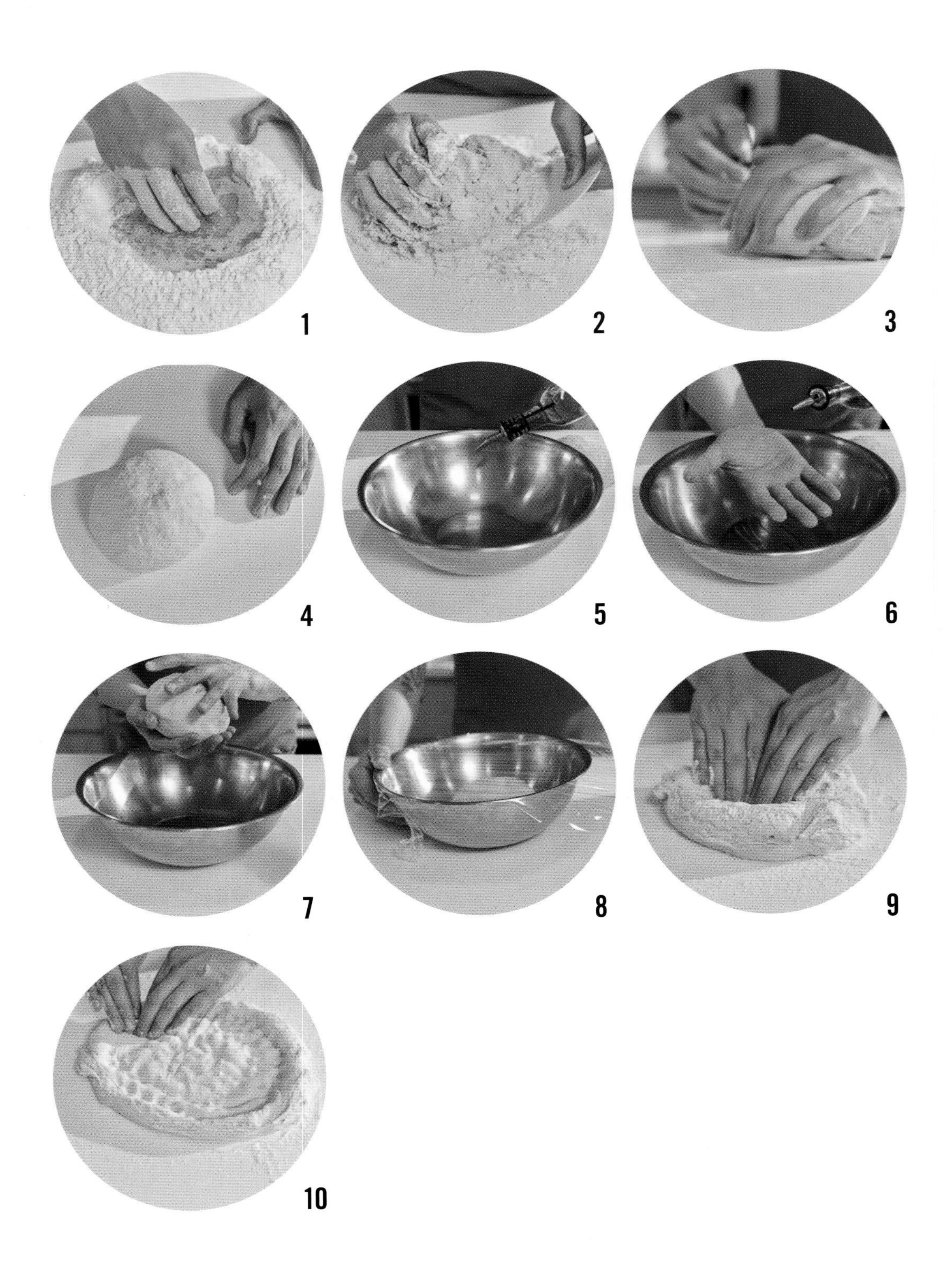
1
2
3
4
5
6
7
8
9
10

FETUCCINI A LA CARBONARA

Quizá sorprenda a muchos, pero la verdadera carbonara no contiene crema; el huevo, el queso y el tocino o guanciale son los componentes que proporcionan su untuosidad. Un platillo que requiere técnica y paciencia, pero vale mucho la pena. Puedes comprar la pasta precocida en el supermercado o hacerla fresca con las siguientes indicaciones.

 2 HORAS | NIVEL DE DIFICULTAD ●●●● |  4 PORCIONES |  **VA BIEN CON:** CEVICHE EMULSIONADO, PIZZA DE DOS MANERAS, PAVLOVA

INGREDIENTES

Para la pasta fresca:

- 300 g de harina de fuerza QUE BO!
- 2 huevos
- 3 yemas de huevo
- 6 g de sal
- 6 g de aceite de oliva
- Agua, la necesaria (2 litros deben bastar)
- 12 g de sal para la cocción

Para la salsa carbonara:

- 24 g de aceite de oliva
- 300 g de guanciale o tocino en corte grueso
- 2 huevos
- 4 yemas de huevo
- 60 g de queso parmesano rallado más un poco adicional para servir
- Sal, al gusto
- Pimienta recién molida, al gusto
- 200 g de agua de la cocción de la pasta

Para el montaje:

- Pimienta fresca
- Queso parmesano rallado

PREPARACIÓN

1. Colocamos la harina sobre la encimera de la cocina y con los dedos creamos un cuenco al centro.
2. Juntamos los huevos y las yemas (deben estar a temperatura ambiente) y los pesamos. En total debemos tener 185 gramos de líquidos, así que agregamos el peso restante en agua hasta alcanzar esa cifra. (Es decir, si tenemos 150 gramos de la mezcla de huevos y yemas, agregamos 35 gramos adicionales de agua para lograr 185 gramos de líquidos en total).
3. Colocamos la mezcla de huevos, yemas y agua, así como la sal y el aceite de oliva en el cuenco al centro de la harina.
4. Incorporamos la harina con los líquidos poco a poco, de la periferia hacia el centro del cuenco.
5. Amasamos con las manos hasta que la harina se integre totalmente.
6. Hacemos una bola de masa que dejamos reposar durante 15 minutos como mínimo en el refrigerador, cubierta con papel film. Entre más tiempo repose, mejor, siempre y cuando el tiempo de refrigeración no pase de una hora.
7. Con un rodillo estiramos la masa en una superficie previamente enharinada. Una vez que esté lo suficientemente delgada, con unos tres milímetros de grosor, la enrollamos (cuidando que no se apriete de más, pues luego la vamos a desenrollar) y cortamos con un cuchillo en rodajas de aproximadamente un centímetro

de ancho. Desenrollamos las rodajas para obtener tiras de aproximadamente 20 centímetros de largo.

8 Hacemos conjuntos de 200 gramos cada uno, espolvoreamos un poco de harina encima y dejamos secar durante 20 minutos. También podemos hacer este procedimiento un día antes de la preparación y dejar que se seque la pasta durante la noche.
9 Después de ese tiempo, ponemos tres litros de agua a hervir en una olla grande. Esperamos a que esté hirviendo a borbotones y agregamos 12 gramos de sal. Enseguida, hervimos las tiras de pasta en grupos de 15 a 20 para que no se peguen. Esta pasta solo necesita de tres a cinco minutos de cocción.
10 Con ayuda de unas pinzas retiramos las tiras del agua y reservamos en un recipiente hondo.
11 Repetimos el procedimiento hasta terminar de cocer el resto de las porciones, reservamos el agua restante para usarla en la salsa carbonara.

Para la salsa carbonara:

1 En una sartén caliente vertemos el aceite de oliva y salteamos el guanciale o el tocino para que suelte su grasa.
2 Mientras tanto, en otro recipiente mezclamos los huevos, las yemas, el queso, la sal, la pimienta y el agua de cocción de la pasta, perfectamente bien.
3 Una vez que caramelice el guanciale o tocino, retiramos el exceso de grasa, apagamos el fuego y vertemos nuestra mezcla de huevo y queso a la sartén.
4 Incorporamos muy bien con una pala de madera y encendemos el fuego (bajo). Seguimos moviendo de manera constante para impedir que la temperatura de la salsa se eleve mucho; es muy importante que no hierva, de lo contrario corremos el riesgo de que se cueza el huevo como si fueran huevos revueltos, en lugar de integrarse con la salsa y aportar el elemento cremoso a la preparación.
5 Agregamos la pasta cuando la salsa alcance un punto cremoso, movemos por dos minutos para incorporar bien y retiramos de la flama.
6 Servimos.

Para el montaje:

1 Colocamos en un bowl grande cuatro porciones de pasta de aproximadamente 100 gramos cada una, cuidando que la pasta esté aún caliente.
2 Al servir podemos añadir un poco de pimienta negra fresca y más queso parmesano.

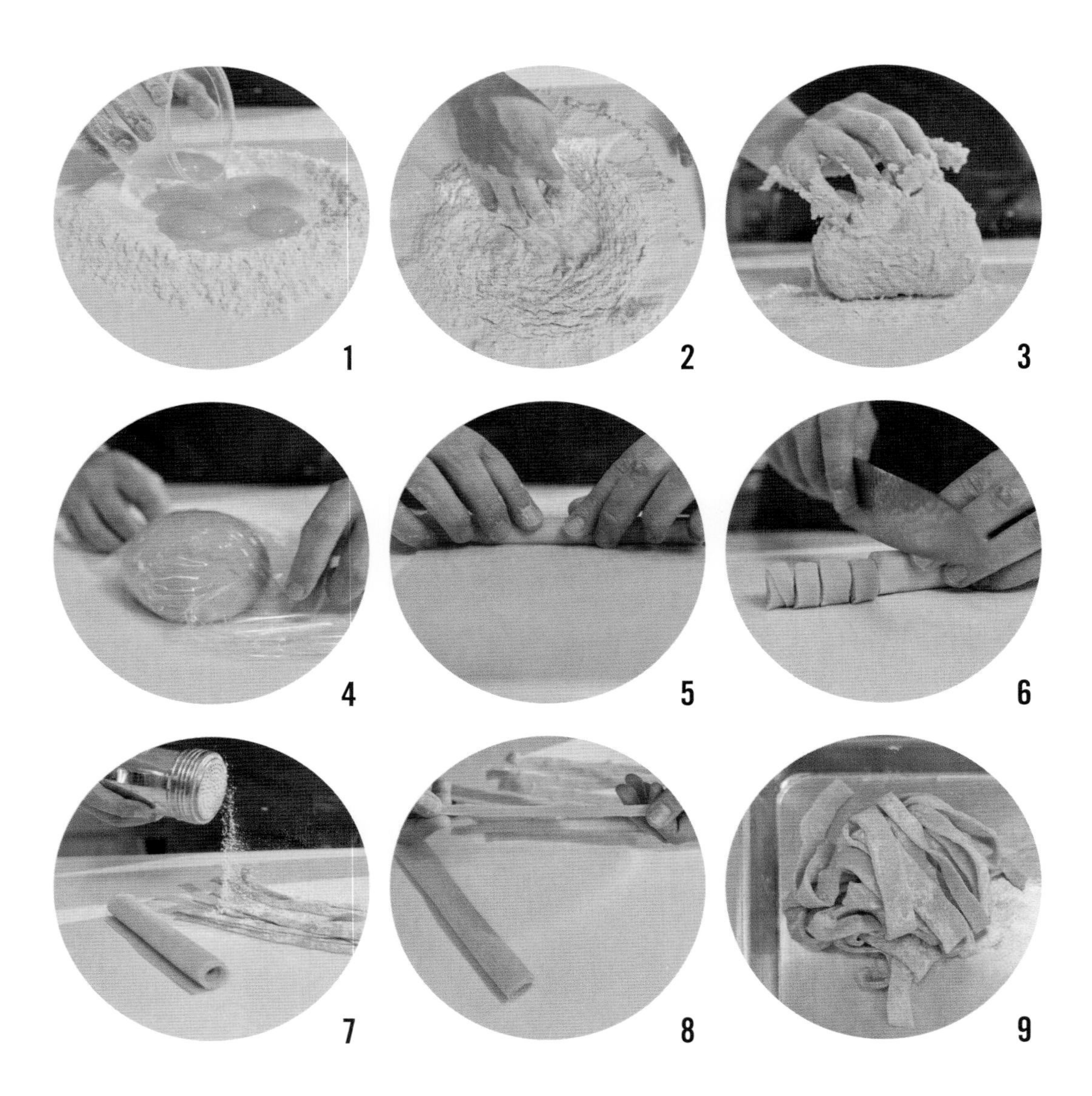
1
2
3
4
5
6
7
8
9

GNOCCHI ALFREDO

Los gnocchi son una pasta elaborada a base de papa y del gusto de todos. Tienen una suavidad muy característica, a diferencia de las pastas elaboradas con harina y yema. Su esponjosidad les permite flotar al momento de la cocción. Cuando flotan en el agua, sabemos que están cocidos y listos para servir.

 2 HORAS | NIVEL DE DIFICULTAD ●●●● |  6 PORCIONES |  **VA BIEN CON:** MOUSSE DE SALMÓN AHUMADO Y CHILE CHIPOTLE, BERENJENAS RELLENAS, MADELEINES DE VAINILLA

INGREDIENTES

Para los gnocchi:

- 1 kg de papa alfa
- Agua, la necesaria
- 300 g de harina de fuerza QUE BO!
- 1 huevo
- Sémola de maíz, la necesaria
- 12 g de flor de sal QUE BO! (también puedes usar sal de Colima)

Para la salsa Alfredo:

- 150 g de mantequilla
- 4 yemas
- 170 g de queso parmesano rallado
- Sal al gusto
- Pimienta recién molida al gusto
- 70 g de agua de la cocción de los gnocchi

Para el montaje:

- 36 g de perejil finamente picado
- Queso parmesano rallado al gusto
- La ralladura de un limón eureka

PREPARACIÓN

1 Ponemos a cocer las papas en una olla con agua, dejamos que hiervan durante 40 minutos a partir de que el agua rompa el hervor.

2 Corroboramos que estén cocidas con un tenedor: si puede atravesar las papas fácilmente, significa que están listas. Una vez terminada su cocción, pelamos las papas con las manos, bajo el chorro de agua fría para no quemarnos.

3 Hacemos las papas puré en un bowl con ayuda de un pisador de papas. Es importante que quede un puré muy fino y sin grumos para poder incorporar con mayor facilidad la harina y el huevo.

4 Extendemos la harina formando un círculo sobre una superficie plana y limpia, colocamos encima el puré de papa. Incorporamos la harina de fuerza con el puré, con ayuda de las manos, y luego añadimos el huevo.

5 Seguimos amasando con las manos, cuando tenga una consistencia firme pero maleable dividimos la masa en cilindros de 30 centímetros de largo.

6 Cortamos los cilindros en porciones de cinco centímetros.

7 Con la ayuda de una tablilla rigagnocchi previamente espolvoreada con sémola de maíz, hacemos las hendiduras para formar la pasta. Podemos hacerlo también con un tenedor, presionando ligeramente el pedazo de masa con los tres picos, sin que este lo atraviese.

8 Reposamos la pasta sobre una tela espolvoreada con sémola de maíz durante 30 minutos, a temperatura ambiente.

9 Hervimos los gnocchis en una olla con tres litros de agua y la flor de sal (o sal de Colima) hasta que floten. Retiramos y reservamos. Reservamos también un poco del agua de la cocción.

Para la salsa Alfredo:

1 Derretimos la mantequilla en una sartén caliente.
2 Mientras tanto, en otro recipiente mezclamos las yemas, el queso, la sal, la pimienta y el agua de la cocción de los gnocchi perfectamente bien. Apagamos la flama e incorporamos despacio la mezcla a la sartén con la mantequilla.
3 Incorporamos muy bien con una pala de madera y encendemos el fuego (bajo). Seguimos moviendo de manera constante para impedir que la temperatura de la salsa se eleve mucho; es muy importante que no hierva, de lo contrario corremos el riesgo de que se cueza el huevo como si fueran huevos revueltos, en lugar de integrarse con la salsa y aportar el elemento cremoso a la preparación.
4 Una vez que la salsa obtenga su característica consistencia cremosa, retiramos del fuego.
5 En una sartén aparte salteamos los gnocchi cocidos con un poco de la mantequilla restante, por dos minutos.
6 Bajamos el fuego al mínimo, agregamos la salsa y movemos de forma constante, sin dejar que hierva.
7 Damos una cocción de tres minutos y retiramos del fuego.

Para el montaje:

1 Servimos los gnocchi en un plato hondo. Encima espolvoreamos un poco de perejil, parmesano rallado y ralladura de limón.

CANELONES

Los canelones son un platillo muy fácil de elaborar. Yo siempre los preparo en Navidad y la gente queda encantada. Se pueden rellenar de varias cosas, pero en este caso serán de carne. Es una receta sencilla, pero deleitará a tus visitas.

 2 HORAS | NIVEL DE DIFICULTAD ●●○○ |  6 PORCIONES |  **VA BIEN CON:** AGUACHILE DE CAMARÓN, TARTAR DE RES, TORBELLINO DE FRAMBUESA

INGREDIENTES

- Una caja de canelones precocidos.

Para el relleno:

- 36 g de aceite de oliva
- 1 cebolla blanca, finamente picada
- 5 dientes de ajo pelados y picados finamente
- 300 g de tocino en corte grueso y picado
- 600 g de carne molida de cerdo
- 36 g de perejil finamente picado
- 100 g de vino blanco
- 60 g de harina de fuerza QUE BO!
- Sal al gusto
- Pimienta al gusto

Para la salsa:

- ½ cebolla
- 5 jitomates bola
- 18 g de aceite de oliva
- 5 ajos confitados (recomiendo usar los de la conserva de la página 33)
- 2 g de orégano
- 1 rama de romero

Para el montaje:

- 100 g de queso parmesano
- Sal al gusto
- Pimienta al gusto

PREPARACIÓN

Para el relleno:

1 Vertemos el aceite de oliva en una sartén y salteamos la cebolla y el ajo.

2 Agregamos el tocino, dejamos que suelte su grasa. Enseguida, añadimos la carne molida y con la ayuda de una pala de madera la desmigamos para que se incorpore con el resto de los ingredientes y quede una capa uniforme en la sartén. Cocinamos durante 10 minutos a fuego medio.

3 Pasado ese tiempo, incorporamos el perejil y, en forma hilo, el vino blanco.

4 Cuando el vino evapore en un 60% añadimos la harina y movemos hasta que quede una mezcla uniforme. Sazonamos con sal y pimienta. Reservamos.

Para la salsa:

1 Picamos la cebolla y el jitomate finamente.

2 Agregamos la cebolla a una sartén muy caliente y enseguida el aceite de oliva. Salteamos durante dos minutos y enseguida agregamos los ajos picados, el jitomate, el orégano y el romero. Bajamos a fuego medio y cocemos durante siete minutos más.

3 Salpimentamos al gusto, retiramos del fuego y reservamos.

Para el montaje:

1 Precalentamos el horno a 190 °C.

2 Rellenamos cada cilindro de canelón con la carne.

3 Agregamos un poco de la salsa en la base del refractario, encima acomodamos los canelones rellenos en una sola capa, cubrimos con más salsa y espolvoreamos queso parmesano para gratinar.

4 Horneamos durante 25 minutos. Pasado ese tiempo retiramos del horno y servimos.

RISOTTO DE AZAFRÁN

El risotto es un arroz muy meloso, con un grano que despide mucho almidón. Es importante prepararlo al momento para que quede caldoso y no se apelmace. Esta receta con azafrán queda deliciosa para una comida con amigos o una cena en familia. Prepárate para impresionar a quienes lo prueben.

2 HORAS | NIVEL DE DIFICULTAD  |  4 PORCIONES | **VA BIEN CON:** PULPO CON PESTO, ESCALIVADA, MADELEINES DE VAINILLA

INGREDIENTES

- ½ cebolla blanca finamente picada
- 2 dientes de ajo finamente picados
- 48 g de aceite de oliva
- 350 g de arroz arborio
- 700 g de caldo de camarón o de pescado*
- 2 g de azafrán
- 200 g de vino rosado
- 12 g de mantequilla
- Sal al gusto
- 60 g de queso parmesano
- Pimienta negra molida, al gusto
- 500 g de callo de almeja

** Para hacer un caldo de pescado cocemos en una olla los huesos y las espinas del pescado (con todo y cabeza) con una mezcla de verduras que puede ser de cebolla, ajo, zanahoria y apio, y sal al gusto. Dejamos reducir el caldo durante dos horas para tener un fondo concentrado de pescado. Antes de utilizarlo es necesario que lo colemos.*

PREPARACIÓN

1. Salteamos la cebolla y el ajo con el aceite de oliva durante tres minutos a fuego alto. Agregamos el arroz, movemos suavemente con una pala de madera para que se humecte y quede translúcido. Salteamos por tres minutos más.
2. Calentamos el caldo de camarón o de pescado en una olla aparte. Cuando esté a punto de ebullición agregamos el azafrán para que libere poco a poco su sabor y aroma, movemos con una cuchara para incorporar bien el caldo.
3. Vertemos poco a poco el vino rosado sobre el arroz y dejamos que se evapore en un 80%, movemos de forma constante.
4. Incorporamos poco a poco el caldo de camarón o de pescado al arroz, dejando que se absorba entre cada vertido sin dejar de mover. Esto ayuda a que el risotto tenga la cantidad ideal de humedad y se cueza con lentitud. Es importante dejar que el almidón del arroz suelte su consistencia a medida que se le añade el caldo. El proceso nos tomará 20 minutos en promedio, el arroz debe quedar aguadito y un poco caldoso.

5 En una olla pequeña derretimos la mantequilla. Una vez que lleguemos al punto del arroz la añadimos para dar una última vuelta. Agregamos la sal y movemos bien.
6 Agregamos el queso y la pimienta e incorporamos bien.
7 Destapamos la olla del arroz y colocamos encima los callos de almeja crudos. Dejamos reposar por cinco minutos (con el calor del arroz quedarán en su punto), retiramos del fuego y servimos de inmediato.* Acompañamos con un poco más de queso parmesano rallado.

** Es importante que no repose de más el risotto antes de servir porque se puede apelmazar.*

ROBALO CON PESTO GENOVESE Y COSTRA DE PISTACHE

Esta receta es sencilla, ideal para prepararla un día en que tengamos poco tiempo para cocinar. En Italia el pesto Genovese se prepara en un mortero a mano, pero yo normalmente me ayudo con un procesador de alimentos o licuadora para que quede una pasta perfectamente incorporada.

 1 HORA | NIVEL DE DIFICULTAD ●●○○ |  6 PORCIONES |  **VA BIEN CON:** MEJILLONES TIGRE, LECHE DE TIGRE CON HUACHINANGO, POLENTA

INGREDIENTES

Para el pesto Genovese:

- 50 g de albahaca fresca
- 1 diente de ajo pelado
- 15 g de piñones rosas o blancos
- 5 g de sal de mar
- 80 g de queso parmesano rallado
- 30 g de queso pecorino rallado
- 100 g de aceite de oliva

Para el pescado:

- 3 yemas de huevo
- 100 g de queso parmesano
- 150 g de pesto Genovese
- 12 g de pimienta negra molida
- 100 ml de aceite de ajo confitado (recomiendo usar la conserva de la página 33)
- 12 g de fécula de maíz
- 550 g de robalo completo
- Sal, la suficiente
- Pimienta, la suficiente
- 12 g de aceite de oliva
- 2 cebollas moradas, finamente fileteadas
- 50 g de pistaches picados

PREPARACIÓN

Para el pesto Genovese:

1. Lavamos las hojas de albahaca y dejamos que escurran.
2. En un procesador de alimentos molemos la albahaca con el diente de ajo pelado y cortado a la mitad, los piñones y la sal.
3. Sin dejar de procesar incorporamos poco a poco los quesos rallados. Seguimos batiendo hasta conseguir una mezcla homogénea.
4. Por último, incorporamos sin dejar de procesar el aceite de oliva en forma de hilo y ajustamos el punto de sal. Reservamos sin tapar.

Para el pescado:

1. Precalentamos el horno a 200 °C.
2. En un bowl mezclamos con una pala las yemas de huevo con el queso parmesano, el pesto Genovese, la pimienta, el aceite de ajo y la fécula de maíz.
3. Aparte, salpimentamos el robalo y lo barnizamos con ayuda brocha de cocina con la mezcla del bowl.
4. Engrasamos un refractario con un poco de aceite de oliva y ponemos la cebolla fileteada a manera de cama. Colocamos encima el robalo y horneamos a 200 °C durante 25 minutos.
5. Servimos en un plato extendido y espolvoreamos los pistaches encima.

SALMÓN HOJALDRADO

Este platillo es una chulada; se trata de una variante del filete Wellington ideal para quienes no comen carne roja. La combinación de salmón y eneldo es un dúo que nunca falla, y con el hojaldre se convierte en una comida completa. Ideal para festejos y ocasiones especiales.

 2 HORAS | NIVEL DE DIFICULTAD ●●●● |  6 PORCIONES |  **VA BIEN CON:** PATÉ DE HÍGADO DE POLLO CASERO, FIDEO SECO, ENSALADA DE PERA ROSTIZADA Y ROQUEFORT

INGREDIENTES

- 24 g de aceite de ajo confitado (recomiendo usar la conserva de la página 33)
- 100 g de cebolla morada picada
- 5 dientes de ajo pelados y picados
- 150 g de aceitunas verdes picadas
- 100 g de pepinillos en salmuera picados
- 24 g de mostaza Dijon
- 12 g de pimentón rojo
- 100 g de crema para batir
- 1 kg de pasta de hojaldre laminado (se consigue así en las panaderías)
- 48 g de harina de trigo
- 500 g de lomo de salmón sin piel
- Sal al gusto
- Pimienta al gusto
- 50 g de eneldo fresco picado
- 1 yema de huevo
- 6 g de sal de Colima

PREPARACIÓN

1. En una sartén a fuego medio vertemos el aceite de ajo. Añadimos la cebolla y los ajos picados, y dejamos que adquieran un tono dorado. Apagamos la estufa y dejamos enfriar.
2. Mezclamos con un batidor de globo el sofrito con las aceitunas, los pepinillos, la mostaza, el pimentón rojo y la crema para batir. Movemos hasta obtener una pasta homogénea. Reservamos.
3. Dividimos la pasta de hojaldre en dos. Reservamos una mitad, espolvoreamos un poco de harina sobre la encimera de la cocina y extendemos la otra hasta que alcance el tamaño del salmón, dejando tres centímetros adicionales al perímetro del pescado.
4. Colocamos en medio de la masa el lomo de salmón sin piel, salpimentamos. Encima, colocamos la mezcla reservada en una capa uniforme y posteriormente espolvoreamos el eneldo picado, deben cubrir todo el filete.
5. Espolvoreamos otro poco de harina sobre la encimera de la cocina y extendemos la otra mitad de la pasta de hojaldre, cubrimos con esta el salmón. Presionamos las orillas con un tenedor para que quede bien sellado. Cortamos el exceso de hojaldre con ayuda de un cuchillo.
6. Precalentamos el horno a 190 °C.
7. Batimos la yema de huevo y con ayuda de una brocha de cocina barnizamos el hojaldre. Con la punta de un cuchillo dibujamos las escamas sobre el hojaldre, imitando la piel del salmón. Espolvoreamos la sal de Colima encima.
8. Antes de meter al horno hacemos cinco incisiones ligeras a lo largo de toda la pieza con un tenedor para evitar que la pasta se infle de más.
9. Horneamos a 190 °C por 35 minutos.
10. Pasado ese tiempo, retiramos el salmón del horno, emplatamos y servimos. Si así lo deseamos, podemos decorar con un poco de eneldo adicional.

FILETE WELLINGTON

Uno de los platillos más icónicos para festejar alguna celebración importante es el filete Wellington, proveniente de la cocina inglesa. Es una belleza que acostumbro preparar en casa durante la temporada de fiestas decembrinas. A mi esposa le fascina. Se puede acompañar con verduras salteadas y el mil hojas de papa.

 4 HORAS | NIVEL DE DIFICULTAD ●●●● | 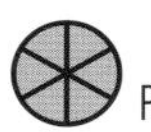 6 PORCIONES |  **VA BIEN CON:** MEJILLONES A LA CERVEZA CON CREMOSO, MIL HOJAS DE PAPA, ÉCLAIRS

INGREDIENTES

- 500 g de portobellos
- 24 g de margarina
- 700 g de caña de filete de res en una pieza
- 12 láminas de jamón serrano
- 24 g de mostaza Dijon
- 12 g de sal de Colima
- Pimienta negra molida, al gusto
- 48 g de harina de trigo
- 700 g de pasta de hojaldre laminado (se consigue así en las panaderías)
- 1 yema
- 1 rama de tomillo fresco

PREPARACIÓN

1. En un procesador trabajamos los portobellos durante tres minutos o hasta que tengamos una pasta.
2. Calentamos una sartén y cocemos la pasta de portobello sin aceite, sal o cualquier aditamento. Dejamos que se deshidrate, moviendo de manera periódica, durante 10 minutos aproximadamente. Una vez que esté lista vaciamos en un tazón y dejamos enfriar.
3. Derretimos la margarina en una sartén bien caliente y sellamos el filete durante dos minutos por cada lado. Retiramos del fuego y reservamos.
4. Extendemos un área de aproximadamente 50 cm de papel film. Al centro colocamos las láminas de jamón serrano hasta tener un área del tamaño del filete. Encima agregamos una capa fina de la pasta de portobellos.
5. Con ayuda de una brocha barnizamos el filete con la mostaza y lo sazonamos con sal y pimienta.
6. Colocamos el filete al centro de la cama de jamón serrano y portobellos y lo envolvemos bien. Enrollamos el papel film de las orillas, como si fuera el empaque de un caramelo. Dejamos reposar en el refrigerador durante 40 minutos.
7. Precalentamos el horno a 180 °C.
8. Espolvoreamos un poco de harina sobre la encimera de la cocina y extendemos el hojaldre. Lo barnizamos con un poco de agua, retiramos el filete del papel film y lo colocamos en la parte central de la masa.
9. Envolvemos el filete con el hojaldre y presionamos para que esté bien sellado. Extendemos el excedente de hojaldre y, con la punta de un cuchillo, hacemos cortes para asemejar el trenzado de un pay. Colocamos la decoración sobre el Wellington y aplicamos un poco de presión para que se «pegue» al hojaldre.

10 Revolvemos la yema de huevo y con ayuda de una brocha, barnizamos el hojaldre. Acomodamos las flores de tomillo en los huecos del trenzado de hojaldre y espolvoreamos con una pizca de sal de Colima. Horneamos a 180 °C durante 35 a 40 minutos.

11 Servimos bien caliente. A la hora de cortar recomiendo utilizar un cuchillo dentado para que tanto el hojaldre como la carne se corten parejo.

POLLO ROSTIZADO CON PAPAS EN SU JUGO

Un platillo típico de fin de semana es el pollo rostizado. Te voy a enseñar a hacerlo en casa, con esta receta queda superjugoso. El secreto es cocerlo tapado y con papas, para que estas suelten su jugo también. ¡Una delicia!

 2 HORAS | NIVEL DE DIFICULTAD ●●●○ |  6 PORCIONES |  **VA BIEN CON:** PALETAS DE CARNE DE CERDO CON SALSA DE YOGUR, FIDEO SECO, MAC AND CHEESE

INGREDIENTES

Para el rub (cubierta de especias):

- 24 g de pimentón rojo
- 12 g de ajo en polvo
- 12 g de sal
- 12 g de pimienta rosa molida
- 70 g de margarina

Para el pollo rostizado:

- 60 g de aceite de ajo confitado (recomiendo usar la conserva de la página 33)
- 5 papas alfa
- 2 cebollas moradas
- 1 pollo completo
- 12 g de sal
- La ralladura de 1 limón eureka (opcional)
- 1 guayaba, manzana o fruta de tu elección
- 5 dientes de ajo pelados
- 12 g de romero fresco
- 150 g de vino blanco

PREPARACIÓN

Para el rub:

1 Mezclamos todos los ingredientes en un tazón pequeño con ayuda de un tenedor hasta lograr una pasta homogénea. Reservamos.

Para el pollo rostizado:

1 Precalentamos el horno a 200 °C.
2 Vertemos el aceite de ajo en una charola que tenga al menos cuatro centímetros de profundidad. Rebanamos las papas y las cebollas y las colocamos encima.
3 Con la ayuda de una cuchara barnizamos todo el pollo con el rub que preparamos. Doblamos las alas hacia adentro y acomodamos el pollo sobre las papas, espolvoreamos la sal y la ralladura de limón (opcional) encima.
4 Colocamos la fruta de nuestra elección, los dientes de ajo y la rama de romero dentro del pollo, si queremos que la fruta libere más jugo, con un cuchillo le hacemos un corte en forma de X.
5 Agregamos el vino blanco a la charola. Cubrimos con papel aluminio y horneamos durante 40 minutos a 200 °C.
6 Pasado ese tiempo, destapamos y horneamos por 15 minutos más hasta que el pollo esté bronceado.
7 Retiramos del horno y dejamos reposar el pollo durante 15 minutos antes de cortarlo, así permitimos que se distribuyan bien los jugos y no se seque.
8 Servimos.

PAELLA

Le tengo un cariño especial a la paella. Cuando viví en España trabajé en un chiringuito durante el turno del día mientras que por la noche trabajaba en los restaurantes estrella. Preparar la paella ahí fue mi sustento durante los dos años que estuve en la Península Ibérica. Algo que aprendí por allá fue a acompañar la paella con una salsa lactonesa, le da un toque excelente.

 3 HORAS | NIVEL DE DIFICULTAD  |  10 -12 PORCIONES | **VA BIEN CON:** CEVICHE EMULSIONADO, TARTA CREMOSA DE CHOCOLATE SIN HORNO, GARIBALDI

INGREDIENTES

Para la paella:

- 100 g de aceite de oliva
- 5 dientes de ajo pelados y picados finamente
- 1 cebolla morada picada finamente
- 1 manojo de espárragos picados
- 2 zanahorias peladas y picadas
- 3 ramas de apio picadas
- 200 g de chícharos
- 300 g de chistorra cortada en cubos medianos
- 300 g de chorizo argentino cortado en cubos medianos
- 400 g de pechuga de pollo cortada en cubos medianos
- 450 g de costilla de cerdo cortada en cubos medianos
- 1 pata de cerdo cortada en cubos medianos
- 400 g de puntas de filete de res cortadas en cubos medianos
- 1 kg de arroz para paella precocido
- 3 l de caldo de camarón o de pescado*
- 1 g de azafrán
- 400 g de mejillones
- 300 g de aros de calamar
- 400 g de camarones grandes sin pelar
- Sal al gusto

Para la lactonesa:

- 100 g de leche
- 200 g de aceite de girasol
- 6 g de sal
- El jugo de un limón

** Para hacer un caldo de pescado cocemos en una olla los huesos y las espinas del pescado con todo y cabeza con una mezcla de verduras que puede ser de cebolla, ajo, zanahoria y apio, y sal al gusto. Dejamos reducir el caldo durante dos horas para tener un fondo concentrado de pescado. Antes de utilizarlo es necesario que lo colemos.*

PREPARACIÓN

Para la paella:

1 Calentamos una paellera durante 10 minutos. Pasado ese tiempo agregamos el aceite de oliva y sofreímos el ajo y la cebolla. Incorporamos las verduras picadas conforme a su dureza: primero los espárragos, luego las zanahorias, el apio y los chícharos, dejando un espacio de tres minutos entre una y otra. Cocemos durante siete minutos a fuego alto mientras movemos de forma constante.

2 Llevamos esta mezcla a las esquinas de la paellera, agregamos un poco más de aceite y añadimos los embutidos al centro de la paellera hasta que se caramelicen y suelten su grasa natural; los orillamos cuando estén caramelizados. Mantenemos el fuego alto.

3 Enseguida, en la misma paellera sellamos el pollo, la costilla de cerdo, la pata y la res, cuidando que no se pegue un cubo con otro para que se caramelicen correctamente. Movemos y damos una cocción de tres minutos más.

4 Agregamos el arroz y mezclamos bien todos los ingredientes. Enseguida vertemos el caldo y agregamos el azafrán, esto permitirá que el azafrán infusione la paella con su aroma y sabor. Tapamos y lo dejamos reposar a fuego medio para una cocción de 25 minutos.

5 Destapamos, acomodamos los mariscos en la parte superior y tapamos de nuevo. Cocemos por siete minutos más.

6 Apagamos el fuego y destapamos, dejamos que la paella repose sin mover por unos minutos para que el arroz infle un poco.

7 Servimos acompañada de la lactonesa.

Para la lactonesa:

1 Agregamos la leche y el aceite a un recipiente de un litro, dejamos reposar hasta que se separen en su totalidad y añadimos la sal.

2 Con la ayuda de una licuadora de inmersión, la cual se colocará con las aspas al fondo del recipiente, licuamos la mezcla durante un minuto.

3 Una vez que esté emulsionada la mayoría de la mezcla, con ayuda de una pala, separamos la mezcla del fondo de recipiente poco a poco. Esto para terminar la emulsión total.

4 Cuando toda la mezcla esté emulsionada, agregamos el jugo de limón. Licuamos un minuto más en la misma velocidad. Cuando la salsa tenga una consistencia similar a la mayonesa, estará lista.

5 Servimos junto con la paella.

HAMBURGUESAS FONDUE

Esta hamburguesa es el antojo perfecto, un clásico estadounidense y uno de los platillos más reproducidos en el mundo. Conocemos bien el sabor de las grandes cadenas de hamburguesas, pero no hay nada como prepararlas a tu gusto; además, con el giro del fondue se vuelve una delicia inigualable. Recomiendo cocer la carne a término medio para que esté rosa por dentro y bien jugosa.

2 HORAS | NIVEL DE DIFICULTAD ●●●○ |  6 PORCIONES |  **VA BIEN CON:** TENDERS DE POLLO Y CHIPOTLE CON QUESO, PATATAS MUY BRAVAS, GALLETAS DE AVENA CON ARÁNDANO

INGREDIENTES

Para la carne:

- 700 g de carne molida de res, preferentemente diezmillo
- 200 g de carne molida de cerdo
- 36 g de perejil picado
- 3 ajos pelados y picados
- 12 g de pimienta negra molida
- 1 huevo
- 120 g de pan molido
- Sal al gusto (opcional)

Para el fondue:

- 150 g de queso gruyer
- 150 g de queso emmental
- 60 g de vino blanco
- 6 g de fécula de maíz previamente hidratada y disuelta en 36 g de agua durante 10 minutos

Para el montaje:

- 12 g de aceite de canola
- 6 bollos de pan brioche
- 12 g de mantequilla fundida
- 3 rebanadas de tocino crocante

PREPARACIÓN

Para la carne:

1. Mezclamos las dos carnes molidas e incorporamos el perejil, los ajos, la pimienta, el huevo y el pan molido. Revisamos punto de sal.
2. Con las manos hacemos bolitas de 150 gramos y formamos las hamburguesas. Reservamos.

Para el fondue:

1. En una olla agregamos el queso gruyer. Fundimos y añadimos el emmental, movemos constantemente con ayuda de una pala de madera.
2. Enseguida incorporamos el vino en forma de hilo, moviendo constantemente.
3. Una vez que comience el punto de ebullición agregamos la fécula hidratada y movemos hasta obtener una mezcla homogénea.

Para el montaje:

1. En una plancha ya caliente y previamente engrasada con el aceite, colocamos las porciones de carne y sellamos durante dos minutos por ambos lados. Reservamos sobre papel absorbente para retirar el exceso de grasa.
2. Barnizamos cada tapa de pan con 4 gramos de mantequilla y las sellamos en una sartén caliente, hasta que adquieran un tono bronceado. Retiramos del fuego.
3. Colocamos la carne sobre la parte inferior del pan y, con ayuda de una cuchara sopera, vertemos el fondue bien caliente sobre la carne. Añadimos encima el tocino crocante y tapamos con la parte superior del pan.
4. Servimos.

COSTILLAS BBQ

Fanáticos del Super Bowl: las costillas BBQ son el platillo clásico para disfrutar la gran final de futbol americano. El combo de esta delicia con una cerveza helada resulta celestial. La clave es que las costillas estén suaves para que se despeguen del hueso y lo suficientemente humectadas sin abusar de la salsa.

 4 HORAS | NIVEL DE DIFICULTAD ●●●● | 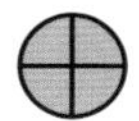 4 PORCIONES |  **VA BIEN CON:** NACHOS DE COMPETENCIA, PAPAS PANADERA, PANNA COTTA

INGREDIENTES

- 2 costillares de cerdo baby back, pedirlas ya «limpias de espejo»
- 36 g de sal
- 24 g de pimienta negra molida
- 36 g de pimentón rojo
- 24 g de ajo en polvo
- 12 g de azúcar mascabado

Para la salsa BBQ:

- Ver página 51

PREPARACIÓN

1. Precalentamos el horno a 200 °C.
2. En un recipiente de vidrio mezclamos con ayuda de un tenedor la sal, la pimienta, el pimentón rojo, el ajo en polvo y el azúcar.
3. Cubrimos los dos costillares con la mezcla en polvo por ambos lados.
4. Colocamos los costillares sobre una rejilla. La metemos al horno sin tapar, para que se doren, a 200 °C durante una hora. Para proteger el fondo del horno podemos poner una charola debajo de la rejilla con el fin de que reciba la grasa residual de la cocción.
5. Pasado ese tiempo, con mucho cuidado, tapamos los costillares con aluminio para que queden tiernos por dentro. Llevamos de nuevo al horno durante 1 hora 20 minutos a 200 °C.
6. Con mucho cuidado y con ayuda de un trapo retiramos las costillas del horno. Usando una brocha de cocina barnizamos las costillas con la salsa BBQ.
7. Regresamos los costillares al horno sin tapar por 10 minutos más.
8. Servimos bien calientes. Si así lo deseamos, antes de servir podemos barnizar con un poco más de BBQ caliente.

CAPÍTULO

7

EL MEJOR ACOMPAÑAMIENTO

ENSALADA DE PERA ROSTIZADA Y QUESO ROQUEFORT

Para romper con la idea de que las ensaladas son aburridas, llegaron las combinaciones con frutas y quesos, como esta, de pera rostizada y queso roquefort. Recomiendo combinarla con el pollo rostizado con papas o con un corte de carne para equilibrar lo dulce de la ensalada.

 1 HORA | NIVEL DE DIFICULTAD  |  4 PORCIONES | **VA BIEN CON:** LASAÑA, FILETE WELLINGTON, POLLO ROSTIZADO CON PAPAS EN SU JUGO

INGREDIENTES

- 300 g de papas cambray cocidas con cáscara
- 100 g de aceite de oliva
- Sal al gusto
- 3 peras verdes
- 1 rama de tomillo fresco
- 1 lechuga escarola desinfectada y troceada
- 1 lechuga romana desinfectada y troceada
- 200 g de queso roquefort desmigado
- 300 g de jitomates cherry en mitades

Para el aderezo:

- 20 g de aceite de oliva
- 10 g de vinagre de manzana
- Sal al gusto

PREPARACIÓN

1. Precalentamos el horno a 200 °C.
2. En una olla con agua caliente cocemos las papas durante 30 minutos.
3. Mientras tanto, en una charola de metal esparcimos 50 gramos del aceite de oliva y sal al gusto.
4. Cortamos las peras en rodajas a lo largo y las acomodamos uniformemente en la charola.
5. Retiramos las papas cambray de la olla y las cortamos en mitades, sin pelarlas. Las agregamos a la charola con las peras y encima añadimos las hojas del tomillo fresco.
6. Aliñamos con el aceite de oliva restante y un poco más de sal, horneamos a 200 °C durante 25 minutos.
7. Retiramos la charola del horno y dejamos enfriar a temperatura ambiente.
8. En una ensaladera colocamos una cama de las lechugas y encima todos los ingredientes horneados. Añadimos el queso roquefort desmigado y los jitomates cherry en mitades.
9. Preparamos la vinagreta: en un recipiente mezclamos todos los ingredientes con ayuda de una cuchara. Ajustamos punto de sal.
10. Bañamos la ensalada con la vinagreta.
11. Servimos.

BERENJENAS RELLENAS

Las berenjenas son el campeón sin corona de las verduras. Bien cocinadas son exquisitas: no es necesario esconder su sabor, sino potenciarlo. Esta receta se la preparo a mi familia durante su temporada en primavera e invierno, cuando son más jugosas y alcanzan su máximo potencial en sabor. La mezcla de aromas y sabores en esta receta resalta la textura suave de la carne de la berenjena y el contraste con la corteza. Te aseguro que sorprenderás a tus invitados.

 2 HORAS | NIVEL DE DIFICULTAD  |  4 PORCIONES | **VA BIEN CON:** LASAÑA, PIZZA DE DOS MANERAS, PROFITEROLES

INGREDIENTES

- 4 berenjenas
- 120 g de aceite de oliva
- Sal al gusto
- Pimienta al gusto
- 150 g de salchicha italiana
- 150 g de tocino en corte grueso
- 2 dientes de ajo pelados y picados
- ½ cebolla morada finamente picada
- 12 g de albahaca fresca picada
- 12 g de pimentón rojo
- 260 g de queso gruyer picado

PREPARACIÓN

1. Precalentamos el horno a 200 °C.
2. Cortamos las berenjenas por la mitad a lo largo, las colocamos sobre una charola, barnizamos la parte interior con aceite, sazonamos con sal y pimienta. Cubrimos con papel aluminio y horneamos a 200 °C durante 30 minutos.
3. Retiramos del horno y reducimos la temperatura a 190 °C.
4. Quitamos el papel aluminio y con una cuchara escarbamos el interior de la berenjena. Reservamos tanto el relleno como la carcasa.
5. Con ayuda de un cuchillo picamos el relleno junto con la salchicha italiana, el tocino, el ajo, la cebolla y la albahaca y salteamos en una sartén con un poco de aceite de oliva. Agregamos el pimentón, incorporamos bien y rectificamos el punto de sal. Este conjunto lo utilizaremos como relleno, debe tener una consistencia de puré, bastante meloso. Para los vegetarianos podemos prepararlo sin salchicha ni tocino.
6. Con ayuda de una cuchara rellenamos los hemisferios de la berenjena. Agregamos el queso en la parte superior y gratinamos a 190 °C por siete minutos.
7. Retiramos del horno y emplatamos.
8. Servimos bien caliente.

BRÓCOLI MEDITERRÁNEO

Esta receta me ha servido para sorprender a aquellas personas que no les gusta el brócoli, por ejemplo, a los niños. Es una buena forma de mostrarles que incluso los alimentos que consideran aburridos son deliciosos y pueden prepararse de tantas formas como su imaginación les permita. Como complemento para acompañar una pasta queda increíble.

1 1/2 HORAS | NIVEL DE DIFICULTAD  |  6 PORCIONES | **VA BIEN CON:** CANELONES, ROBALO CON PESTO GENOVESE Y COSTRA DE PISTACHE, TORBELLINO DE FRAMBUESA

INGREDIENTES

Para el crocante de pan:

- 100 g de queso parmesano
- 2 dientes de ajo pelados y picados
- 4 cucharadas de panko
- 12 g de perejil picado
- 100 g de mantequilla fundida

Para el brócoli mediterráneo:

- 600 g de brócoli
- 24 g de mantequilla
- 36 g de yogur griego
- 24 g de fécula de maíz
- 24 g de crema para batir
- 250 g de queso feta
- 300 g de tocino corte grueso

PREPARACIÓN

Para el crocante de pan:

1. Mezclamos todos los ingredientes en un bowl y reposamos la mezcla tapada en el refrigerador durante 10 minutos.

Para el brócoli mediterráneo:

1. Precalentamos el horno a 180 °C.
2. Cortamos el brócoli en sextos y los acomodamos en un refractario previamente engrasado con mantequilla.
3. Trabajamos en una licuadora durante cinco minutos a velocidad máxima el yogur, la fécula de maíz, la crema para batir y el queso feta. Mientras tanto picamos el tocino y lo sellamos en una sartén caliente.
4. Bañamos el brócoli con la mezcla licuada y añadimos encima el crocante de pan y el tocino de manera uniforme.
5. Horneamos por 40 minutos a 180 °C.
6. Retiramos del horno y servimos bien caliente.

COLIFLOR ROSTIZADA

La coliflor se puso de moda en los últimos años gracias a su versatilidad y a que posee gran dinamismo para prepararse: a la plancha, en ensalada o incluso capeada. ¡Las posibilidades son infinitas! Aquí propongo una receta muy original para rostizarla que incluso puede servir no solo como guarnición, sino también como plato fuerte.

 2 HORAS | NIVEL DE DIFICULTAD ●●○○ |  6 PORCIONES |  **VA BIEN CON:** POLLO ROSTIZADO CON PAPAS EN SU JUGO, HAMBURGUESAS FONDUE, COSTILLAS BBQ

INGREDIENTES

- 60 g de aceite de oliva
- ½ cebolla blanca picada
- 200 g de jamón york picado en cubos pequeños
- 20 g de harina de trigo
- 170 g de leche
- 200 g de yogur griego
- 1 coliflor
- Aceite de oliva
- 5 huevos
- 300 g de crema para batir
- 12 g de sal
- 6 g de pimienta blanca molida
- 100 g de queso parmesano

PREPARACIÓN

1 Precalentamos el horno a 180 °C.
2 En una sartén caliente agregamos el aceite, la cebolla y el jamón. Sofreímos hasta caramelizar y licuamos por dos minutos a velocidad media junto con la harina, la leche y el yogur.
3 Cortamos el tronco de la coliflor. Acomodamos todo en un molde rectangular previamente engrasado.
4 Pasamos la mezcla de la licuadora a un bowl. Con ayuda de un batidor de globo incorporamos los huevos, la crema para batir, la sal y la pimienta blanca hasta que quede una salsa homogénea.
5 Vertemos con cuidado la salsa sobre la coliflor, espolvoreamos el parmesano encima y horneamos, sin tapar, a 180 °C por 60 minutos. Podemos agregar un poco más de jamón encima como *topping*.
6 Retiramos del horno y dejamos enfriar por 15 minutos. Servimos.

POLENTA

La polenta es una elaboración italiana muy popular que parte de la harina de maíz. Resulta muy versátil y es superrica; si la sellas después con margarina, queda crocante por fuera y melosa por dentro. ¡Es una lástima que no sea tan conocida en México todavía! Me encantaría que empezara a consumirse más en el país, es una delicia.

 1 HORA | NIVEL DE DIFICULTAD ●●○○ |  8 PORCIONES |  **VA BIEN CON:** PULPO ADOBADO, SALMÓN HOJALDRADO, FILETE WELLINGTON

INGREDIENTES

- 700 g de polenta precocida
- 2 l de agua
- 100 g de aceite de oliva
- 36 g de perejil finamente picado
- 12 g de sal refinada
- 70 g de margarina

PREPARACIÓN

1 En una olla cocemos la polenta con el agua, la mitad del aceite de oliva, el perejil y la sal durante 10 minutos aproximadamente o hasta lograr una textura espesa y regular.

2 Cuando el agua se absorba, colocamos la polenta sobre un molde rectangular o cuadrado previamente engrasado con resto del aceite de oliva.

3 Dejamos enfriar por 40 minutos en el refrigerador, sin tapar.

4 Desmoldamos y cortamos la polenta en porciones individuales cuadradas.

5 En una sartén caliente añadimos un poco de margarina y sellamos los bloques de polenta hasta que se doren por ambos lados.

6 Servimos. También podemos acompañar con alguna salsa a base de jitomate.

ESCALIVADA

La escalivada es un tipo de ensalada caliente de la costa mediterránea, sobre todo de Cataluña. Me recuerda a mis tiempos en tierras españolas. Consiste en verduras rostizadas, por lo cual es una receta muy fresca que nunca cae pesada y es agradable a la vista por sus colores.

 1 HORA | NIVEL DE DIFICULTAD ●○○○ |  8 PORCIONES |  **VA BIEN CON:** LENGUA A LA VERACRUZANA, CANELONES, FILETE WELLINGTON

INGREDIENTES

- 2 piezas de calabaza zucchini
- 1 berenjena
- 4 pimientos rojos
- 2 jitomates bola
- 2 cebollas moradas
- 2 hongos portobello
- 100 g de aceite de oliva
- 24 g de romero fresco
- 16 g de sal de Colima
- Pimienta recién molida al gusto

PREPARACIÓN

1. Precalentamos el horno a 200 °C.
2. Cortamos las calabazas, la berenjena, los pimientos, los jitomates, las cebollas y los hongos en cuartos.
3. Acomodamos todas las verduras en un refractario y aliñamos con 50 g de aceite de oliva, 12 g de romero fresco, sal y pimienta.
4. Tapamos con papel aluminio y horneamos durante 45 minutos a 200 °C.
5. Retiramos del horno y aliñamos con el resto del aceite de oliva y del romero fresco. Podemos agregar un poco más de sal y pimienta si así lo deseamos.
6. Servimos.

MIL HOJAS DE PAPA

Esta es una guarnición muy fácil de preparar, con textura por las capas que tiene y suavidad por las horas de cocción. Es mi acompañamiento favorito cuando preparo carne; aparte de que es muy divertido de hacer, los aromas al cocinar son increíbles.

 3 HORAS | NIVEL DE DIFICULTAD  |  4 PORCIONES | **VA BIEN CON:** SALMÓN HOJALDRADO, FILETE WELLINGTON, COSTILLAS BBQ

INGREDIENTES

- 3 papas alfa
- 300 g de leche
- 60 g de margarina
- 2 huevos
- 6 g de sal
- 3 g de pimienta negra molida

PREPARACIÓN

1. Precalentamos el horno a 180 °C.
2. Pelamos las papas y las cortamos en rebanadas muy finas; nos podemos apoyar de una mandolina.
3. En un bowl mezclamos la leche con 30 gramos de la margarina fundida y los huevos. Ponemos las papas a hidratar en dicha mezcla durante 30 minutos a temperatura ambiente.
4. Pasado ese tiempo, con ayuda de una toalla de papel absorbente, engrasamos un molde rectangular o cuadrado con la margarina restante y colocamos las rebanadas de papa en capas hasta que lleguemos al 90% de la capacidad del molde. Salpimentamos por encima. Es importante que quede un punto arriba de sal porque la papa absorbe mucho durante la cocción.
5. Horneamos a 180 °C durante dos horas, tapado con papel aluminio.
6. Retiramos del horno y una vez tibio desmoldamos.
7. Servimos.

TABULE

Esta ensalada típica libanesa es muy fresca y completa, pues tiene de todo: verdes, trigo, cebolla, jitomate y un toque ácido que sorprende al paladar. El bulgur es uno de sus componentes clave; se trata de un trigo precocido, cada vez más popular y accesible en México.

 30 MINUTOS | NIVEL DE DIFICULTAD ●○○○ |  4 PORCIONES |  **VA BIEN CON:** HUMMUS, PALETAS DE CARNE DE CERDO CON SALSA DE YOGUR, ESCALIVADA

INGREDIENTES

- 150 g de bulgur remojado
- 100 g de perejil picado
- 50 g de hierbabuena picada
- 50 g de menta picada
- ½ cebolla morada finamente picada
- 1 jitomate bola finamente picado
- 60 g de aceite de oliva
- El jugo de 2 limones
- Sal al gusto

PREPARACIÓN

1. Colocamos el bulgur en un bowl y lo cubrimos con agua tibia o fría; dejamos remojar durante 20 minutos, sin tapar. Pasado ese tiempo colamos y reservamos.
2. Mezclamos todos los ingredientes en un tazón con ayuda de una pala.
3. Dejamos reposar en el refrigerador en un recipiente con tapa durante 20 minutos.
4. Retiramos del refrigerador, verificamos el punto de sal y servimos.

PAPAS PANADERA

Esta es una de las guarniciones más usadas en los bares o restaurantes de comida corrida en España, y la verdad es que sabe a hogar. La clave de su popularidad es el toque que le dan los pimientos rojos y el aceite de oliva.

 1 HORA | NIVEL DE DIFICULTAD  |  6 PORCIONES | **VA BIEN CON:** SALMÓN HOJALDRADO, FILETE WELLINGTON, HAMBURGUESAS FONDUE

INGREDIENTES

- 3 papas alfa
- 3 pimientos rojos
- 1 l de aceite de oliva
- 7 dientes de ajo pelados
- 3 cebollas blancas finamente picadas
- 5 pimientas gordas
- 3 hojas de laurel
- 6 g de sal
- Perejil seco, para decorar

PREPARACIÓN

1 Pelamos las papas y las cortamos en rebanadas de cinco centímetros de grosor.

2 Cortamos los pimientos en bastones delgados y descartamos el relleno.

3 Colocamos todos los ingredientes en una olla, encendemos el fuego alto y llevamos a punto de ebullición. Enseguida bajamos el fuego al mínimo y cocemos durante 45 minutos.

4 Retiramos del fuego.

5 Servimos calientes, podemos decorar con perejil seco encima.

MAC AND CHEESE

Los macarrones con queso forman parte de nuestra infancia. Infalibles para los niños, también satisfacen el antojo de los adultos, sobre todo si se acompañan con unas buenas costillas BBQ. Puedes espolvorear un poco de tocino frito pulverizado para darle un toque más sofisticado.

 1 HORA | NIVEL DE DIFICULTAD  |  4 PORCIONES | **VA BIEN CON:** HAMBURGUESAS FONDUE, FILETE WELLINGTON, SALMÓN HOJALDRADO

INGREDIENTES

- 2 l de agua
- 2 hojas de laurel
- 6 g de sal
- ½ cebolla blanca
- 300 g de coditos
- 12 g de aceite de girasol
- 50 g de margarina
- 50 g de harina de trigo
- 700 g de leche
- 250 g de queso cheddar líquido
- 200 g de queso cheddar sólido
- 1 pizca de pimentón rojo para decorar
- 1 pizca de perejil seco para decorar

PREPARACIÓN

1 En una olla llevamos a ebullición el agua con las hojas de laurel, la sal y la cebolla separada en capas. Ya que esté caliente el agua, incorporamos los coditos y los dejamos cocer tapados durante 12 minutos o el tiempo que indiquen las instrucciones de la pasta.

2 Retiramos del fuego, colamos y reservamos los coditos con 12 gramos de aceite de girasol, para evitar que se peguen. Descartamos el laurel y la cebolla de la cocción.

3 En otra olla fundimos la margarina y añadimos la harina. Movemos con ayuda de una pala hasta obtener una masa compacta. Seguimos cociendo la masa hasta que quede una mezcla de color dorado claro. Apagamos.

4 Licuamos la masa aún caliente junto con la leche durante un minuto a velocidad media.

5 Regresamos la mezcla a la olla y la revolvemos con una pala hasta tener una salsa espesa. Enseguida, añadimos el queso cheddar líquido, y ya que esté incorporado añadimos el queso sólido. Continuamos moviendo con una pala hasta que la salsa de queso quede cremosa.

6 Añadimos los coditos y calentamos a fuego medio por un minuto más.

7 Retiramos del fuego, decoramos con un poco de pimentón y perejil seco, y servimos bien caliente.

CAPÍTULO

8

EL DULCE FINAL

MADELEINES DE VAINILLA

Las madeleines son muy sencillas de preparar, se elaboran en su típico molde de conchas, y se distinguen por la peculiar pancita que se les hace en el horneado. El aroma de miel que desprenden es muy característico y su delicada esponjosidad las hacen un gran acompañamiento del desayuno.

NIVEL DE DIFICULTAD

8 - 10 PORCIONES

VA BIEN CON: TAQUITOS DE SETAS AL PASTOR, ALITAS CROCANTES, BERENJENAS RELLENAS

INGREDIENTES

- 150 g de huevo
- 250 g de harina de fuerza
- 80 g de azúcar refinada
- 40 g de miel de abeja
- 50 g de leche
- 10 g de polvo para hornear
- 125 g de mantequilla fundida
- 1 vaina de vainilla

PREPARACIÓN

1. Precalentamos el horno a 200 °C.
2. Con ayuda de un batidor de globo, batimos el huevo en un bowl hasta que obtengamos una mezcla homogénea. No debemos incorporar mucho aire. Reservamos.
3. Incorporamos con una pala y de manera envolvente (también podemos utilizar el aditamento de pala de la batidora a velocidad media) la harina, el azúcar, la miel de abeja, la leche, el huevo previamente batido y el polvo para hornear, incorporando los ingredientes uno a uno.
4. Añadimos la mantequilla y la vainilla ya desenvainada (solo la pulpa), gradualmente y de manera homogénea, sin parar de batir hasta obtener una mezcla uniforme.
5. Colocamos la mezcla en una manga con duya, y duyamos de manera uniforme en un molde para magdalenas previamente encamisado con mantequilla y harina. Es importante que la mezcla no rebase los bordes de cada cavidad.
6. Horneamos a 200 °C, sin tapar, durante ocho minutos.
7. Retiramos del horno. Esperamos a que lleguen a temperatura ambiente, desmoldamos y servimos.

TARTA CREMOSA DE CHOCOLATE SIN HORNO

Esta receta es especial para quienes no tienen horno o buscan un postre sencillo y rápido. Además de ser cremoso, sabe intensamente a chocolate. Una tarta ideal para preparar con los más pequeños del hogar y aquellos principiantes en la cocina.

NIVEL DE DIFICULTAD ●●○○ |  8 PORCIONES |  **VA BIEN CON:** LASAÑA, COSTILLAS BBQ, MAC AND CHEESE

INGREDIENTES

Para la base:

- 16 galletas Oreo
- 12 g de café soluble sin azúcar
- 44 g de azúcar refinada
- 70 g de mantequilla derretida

Para el relleno:

- 480 g de crema para batir
- 44 g de azúcar mascabado
- 44 g de mantequilla
- 12 g de extracto de vainilla
- 9 g de glucosa
- 370 g de chocolate oscuro derretido

Para decorar:

- 1 fresa grande
- 50 g del chocolate de tu elección (opcional)

PREPARACIÓN

Para la base:

1. Agregamos las galletas, el café y el azúcar a un procesador de alimentos. Trabajamos durante un minuto o hasta que se haga polvo y añadimos la mantequilla derretida. Procesamos por dos minutos más.
2. Vertemos la mezcla en un molde circular de broche con capacidad de 710 mililitros y creamos una capa uniforme en la base con ayuda de una espátula o miserable. Reservamos.

Para el relleno:

1. En una olla calentamos la crema con el azúcar, la mantequilla, la vainilla y la glucosa. Movemos con ayuda de un batidor de globo.
2. Cuando esté a punto de ebullición, retiramos del fuego, colocamos la mezcla en un bowl, añadimos el chocolate previamente derretido y batimos, con un batidor de globo, hasta obtener una mezcla lisa y homogénea.
3. Vertemos el relleno sobre la base de galleta y congelamos por dos horas, también podemos refrigerarlo durante ocho horas.
4. Transcurrido el tiempo, retiramos la tarta del congelador y la dejamos reposar durante media hora a temperatura ambiente.
5. Decoramos con una o dos mitades de fresa (yo siempre les dejo el rabo para darle más color a la tarta) y si así lo deseamos, con un poco más del chocolate de tu elección alrededor y encima.

GARIBALDI

El garibaldi es un brioche inconfundible por sus característicos mermelada y chochitos, muy querido en la repostería mexicana por su sabor e historia. Su creador los nombró así en honor a Giuseppe Garibaldi, un revolucionario italiano del siglo XIX. Estoy seguro de que los conoces, te invito a divertirte al prepararlos.

NIVEL DE DIFICULTAD

8 - 12 PORCIONES

VA BIEN CON: CHICHARRÓN DE RIB EYE, CHILES EN NOGADA, ESCALIVADA

INGREDIENTES

- 200 g de mantequilla
- 140 g de azúcar
- 200 g de harina de trigo
- 10 g de polvo para hornear
- 270 g de huevo
- 60 g de mermelada de chabacano
- Chochitos blancos (al gusto)

PREPARACIÓN

1. Precalentamos el horno a 180 °C
2. Con ayuda de una batidora acremamos la mantequilla con el azúcar durante diez minutos.
3. Cernimos la harina y el polvo para hornear con ayuda de un colador.
4. Batimos el huevo con ayuda de un tenedor.
5. Incorporamos los secos y el huevo, por partes y de manera gradual, a la mezcla de mantequilla y azúcar; continuamos batiendo hasta obtener una mezcla homogénea y bien acremada.
6. Engrasamos un molde para cupcakes y vertemos la mezcla sin llegar al límite, que abarque únicamente ¾ partes de la capacidad de cada cavidad.
7. Horneamos a 180 °C durante 20 minutos.
8. Retiramos del horno, dejamos enfriar y cuando alcancen temperatura ambiente desmoldamos.
9. Con ayuda de una brocha de cocina barnizamos cada garibaldi con mermelada. Enseguida recubrimos con los chochitos y servimos.

GALLETAS DE AVENA CON ARÁNDANO

Las galletas de avena son mis favoritas. El toque que les da el arándano es acidito, combina perfecto con la textura melosa de la masa. Me gusta que mis galletas sean chonchas y suaves por dentro, prepara tu vaso de leche porque estas son dignas de chopear.

NIVEL DE DIFICULTAD ●●●○ |  10 PORCIONES |  **VA BIEN CON:** HAMBURGUESAS FONDUE, COSTILLAS BBQ, COLIFLOR ROSTIZADA

INGREDIENTES

- 140 g de mantequilla pomada
- 200 g de azúcar mascabado
- 10 g de azúcar refinada
- 2 g de bicarbonato de sodio
- 2 g de sal
- 5 g de extracto de vainilla
- 50 g de huevo
- 70 g de harina de trigo
- 150 g de harina de fuerza QUE BO!
- 130 g de avena
- 10 g de polvo de almendra QUE BO!
- 70 g de arándanos secos

PREPARACIÓN

1. Acremamos la mantequilla con el azúcar mascabado y el azúcar refinada por un minuto con la batidora a velocidad alta.
2. Detenemos la batidora, limpiamos los bordes del bowl con ayuda de una miserable y agregamos el bicarbonato de sodio. Batimos por 10 segundos más.
3. Agregamos la sal y el extracto de vainilla, limpiando los bordes entre cada incorporación.
4. Llevamos la batidora a velocidad media y agregamos el huevo, batimos hasta que se incorpore bien.
5. Añadimos las harinas, la avena y el polvo de almendra. Batimos hasta incorporar perfectamente. Retiramos de la batidora.
6. Por último, ya fuera de la batidora, agregamos los arándanos a la mezcla; movemos por cinco minutos con una miserable.
7. Formamos bolas de 82 gramos, las colocamos en una charola con papel de estrella, presionamos las galletas un poquito y reservamos durante tres horas en refrigeración, sin tapar, ya que tienen una alta cantidad de mantequilla.
8. Precalentamos el horno a 180 °C.
9. Retiramos la charola del refrigerador y la metemos al horno a 180 °C durante 20 minutos Las galletas estarán listas cuando las orillas tengan un color bronceado.
10. Retiramos la charola del horno, dejamos reposar hasta que se enfríen y retiramos las galletas de la charola.
11. Servimos.

PANQUÉ DE LAVANDA

¿Conoces a alguien que no se doblegue ante un panqué esponjosito? Yo no. Esta receta con lavanda es sutil, rústica y con un aroma tan suave como el mismo panqué. La lavanda suele consumirse como una infusión, pero también podemos añadirla a nuestra cocina, sobre todo a la pastelería, donde su efecto aromático es increíble.

NIVEL DE DIFICULTAD

8 PORCIONES

VA BIEN CON: CHILES EN NOGADA, CANELONES, COLIFLOR ROSTIZADA

INGREDIENTES

- 2 limones eureka, tanto su ralladura como su jugo separados
- 200 g de azúcar glass
- 1 pizca de sal
- 3 huevos
- 70 g de mantequilla fundida
- 95 g de crema para batir
- 190 g de harina de trigo
- 6 g de polvo para hornear
- 6 g de lavanda fresca
- Brillo neutro QUE BO!, el necesario
- 20 g de chocolate rallado (opcional)

PREPARACIÓN

1. Precalentamos el horno a 180 °C.
2. Colocamos la ralladura de los limones junto con el azúcar glass, la sal y los huevos en el tazón de la batidora. Batimos a velocidad media hasta que todo esté perfectamente incorporado.
3. Derretimos la mantequilla en el microondas y la reservamos para que vuelva a temperatura ambiente.
4. Añadimos la crema a la mezcla de huevos y azúcar que estamos trabajando en la batidora con cuidado de que no se monte. Incorporamos el jugo de los limones y, poco a poco, la harina y el polvo para hornear. Batimos bien hasta no tener grumos.
5. Por último añadimos la mantequilla previamente derretida en el microondas y ya a temperatura ambiente. Lo hacemos de manera gradual hasta que se incorpore perfectamente a la mezcla.
6. Añadimos las flores de lavanda, previamente lavadas, desinfectadas y finamente picadas; continuamos batiendo por 30 segundos. Reservamos.
7. Con la ayuda de una toalla de papel absorbente engrasamos con mantequilla dos moldes para horno con capacidad para 1 kilo.
8. Vaciamos la mezcla de manera equitativa, con cuidado de dejar dos centímetros entre la mezcla y el borde de cada molde.
9. Con la ayuda de un cuchillo con el filo bañado en aceite, hacemos una pequeña incisión a lo largo de la masa.
10. Horneamos a 180 °C por 50 minutos, sin que abramos el horno por ningún motivo, para permitir que los panqués se esponjen.
11. Pasado el tiempo retiramos los moldes del horno con mucho cuidado.
12. Con ayuda de una brocha de cocina, barnizamos los panqués con brillo neutro y horneamos por cinco minutos más.
13. Dejamos enfriar y desmoldamos. Podemos decorar con flores de lavanda fresca y chocolate rallado encima.

MUFFINS DE BLUEBERRY

Esponjosos, cremositos y ligeramente dulces. La acidez del blueberry les da su toque tan característico. Son un postre ideal para hacer en familia, aparte de ser tan fotogénicos. Si preparas el frosting con antelación los tendrás listos en una hora. Al igual que con las galletas, recomiendo tener un vaso de leche cerca, por si las berries.

VA BIEN CON: PULPO ADOBADO, SALMÓN HOJALDRADO, FILETE WELLINGTON

INGREDIENTES

Para el frosting:*

- 150 g de queso crema
- 70 g de leche
- 30 g de azúcar refinada
- 100 g de chocolate blanco QUE BO! derretido
- 100 g de crema para batir
- 60 g de masa de grenetina QUE BO!

** Puedes hacerlo la noche anterior o unas horas antes para que esté listo a la hora de decorar los muffins.*

Para los muffins:

- 225 g de aceite de canola
- 225 g de leche
- 4 huevos
- 12 g de extracto de vainilla
- 225 g de azúcar refinada
- 225 g de harina floja** QUE BO!
- 12 g de polvo para hornear
- 12 g de levadura seca
- 150 g de blueberries frescos
- La ralladura de 2 naranjas

*** También se le conoce como harina panadera o de repostería. Esta no requiere amasar ni desarrollar gluten.*

PREPARACIÓN

Para el frosting:

1. Licuamos a velocidad media el queso crema, la leche y el azúcar hasta obtener una mezcla homogénea.
2. Enseguida vertemos la mezcla sobre el chocolate blanco previamente derretido a baño María e incorporamos con ayuda de una espátula miserable.
3. Incorporamos la crema para batir y la masa de grenetina previamente fundida.
4. Mezclamos todos los ingredientes y llevamos a refrigeración durante seis horas.
5. Retiramos la mezcla del refrigerador, la colocamos en la batidora y batimos a velocidad media durante cinco minutos.
6. Introducimos la mezcla en una duya para merengue en forma de estrella.

Para los muffins:

1. Licuamos el aceite, la leche, los huevos, el extracto de vainilla y el azúcar a velocidad media.
2. Con la licuadora en movimiento, agregamos la harina, el polvo para hornear y la levadura seca. Licuamos por dos minutos más hasta que consigamos una mezcla homogénea.

3 Colocamos la mezcla licuada en un bowl, añadimos los blueberries previamente lavados con agua al tiempo y la ralladura de las dos naranjas. Incorporamos con ayuda de una espátula miserable.
4 Precalentamos el horno a 170 °C.
5 En una charola para hornear muffins, añadimos los capacillos de 6.5 centímetros de diámetro.
6 Vertemos la mezcla de blueberries en cada una de las cavidades, deben quedar a ¾ de la capacidad.
7 Horneamos a 170 °C durante 20 minutos.
8 Retiramos del horno, dejamos enfriar y con ayuda de una duya chica de estrella colocamos el frosting en cada uno de los muffins.
9 Servimos.

VOLCÁN DE DULCE DE LECHE

El volcán de chocolate es uno de los postres más populares entre los comensales de los restaurantes. Esta nueva variante surgió hace pocos años; sin embargo, si la preparas en casa es una buena opción para los amantes de la pastelería con cajeta o dulce de leche. Seguro impresionarás a más de un paladar.

NIVEL DE DIFICULTAD

4 PORCIONES

VA BIEN CON: LASAÑA, ROBALO CON PESTO GENOVESE Y COSTRA DE PISTACHE, POLLO ROSTIZADO CON PAPAS EN SU JUGO

INGREDIENTES

- 200 g de dulce de leche o cajeta
- 1 huevo
- 2 yemas
- 24 g de harina de trigo
- Azúcar glass, para decorar (opcional)
- Helado para acompañar (opcional)

PREPARACIÓN

1. Con ayuda de un batidor de globo, batimos el dulce de leche (o la cajeta) en un bowl junto con el huevo y las yemas hasta que logremos una consistencia homogénea.
2. Agregamos la harina previamente tamizada al bowl e incorporamos de manera directa y sin dejar de mover. Continuamos mezclando hasta que quede todo incorporado y sin grumos.
3. Engrasamos y enharinamos (esto se llama encamisar) cuatro ramequines y colocamos la mezcla dividida en partes iguales. Refrigeramos durante tres horas.
4. Precalentamos el horno a 200 °C.
5. Horneamos los ramequines sobre una rejilla para horno a 200 °C durante 10 minutos.
6. Retiramos, dejamos enfriar a temperatura ambiente y servimos. Podemos espolvorear con un poco de azúcar glass para una presentación más agradable. Te recomiendo acompañarlo con tu sabor de helado preferido.

PANNA COTTA

La panna cotta es un postre muy reconfortante tanto por sus texturas como por la versatilidad que permite en sus ingredientes: puede ser del sabor que tú gustes, cítrico o infusionado. Propongo que no lleve nada de azúcar y que el dulzor lo proporcione la salsa de frutos rojos, así cada quien puede disfrutarla según su propia preferencia.

NIVEL DE DIFICULTAD

6 PORCIONES

VA BIEN CON: CHILES EN NOGADA, PULPO ADOBADO, CANELONES

INGREDIENTES

- 12 g de grenetina
- 72 g de agua (seis partes de agua por cada parte de grenetina).
- 160 g de crema para batir
- 100 g de yogur griego natural
- 300 g de queso crema
- 80 g de leche

Para la salsa de frutos rojos:

- 300 g de frutos rojos frescos (mora azul, frambuesas y zarzamoras)
- 110 g de azúcar refinada
- 50 g de glucosa
- 1 g de ácido cítrico QUE BO!

PREPARACIÓN

1. Hidratamos la grenetina con el agua, movemos con una cuchara y reservamos a temperatura ambiente. Reservamos.
2. Aparte, montamos la crema en la batidora a velocidad media hasta lograr picos suaves. Agregamos el yogur poco a poco, detenemos el batido cuando se incorpore bien. Reservamos.
3. En un bowl acremamos el queso crema con ayuda de un tenedor. Cuando ya esté blando añadimos la leche e integramos con ayuda de una espátula miserable.
4. Incorporamos el queso crema a la mezcla de crema y yogur griego natural con ayuda de nuestra miserable.
5. Fundimos la grenetina en el microondas por 10 segundos y la añadimos a la mezcla. Incorporamos en movimientos envolventes con ayuda de una miserable, hasta temperar.
6. Vertemos la mezcla en ramequines de 240 mililitros. Refrigeramos por dos horas.
7. Mientras tanto, preparamos la salsa: licuamos a velocidad alta los frutos rojos con el azúcar refinada durante dos minutos. Vertemos la mezcla en una olla y calentamos a fuego alto hasta llevar a ebullición.
8. Enseguida, añadimos la glucosa y movemos hasta que se disuelva.
9. Agregamos el ácido cítrico y movemos en el mismo sentido por cinco minutos más.
10. Retiramos del fuego y dejamos enfriar. Reservamos.
11. Retiramos los ramequines con la panna cotta del refrigerador. Decoramos con frutos rojos al gusto y acompañamos con la salsa de frutos rojos en un recipiente aparte.
12. Servimos.

CRÈME BRÛLÉE

La crème brûlée me trae muchos recuerdos de Francia. Hay muchas variantes, pero todas tienen una constante: la parte de arriba es crocante y la de abajo es cremosa. Esta receta te resultará muy divertida de preparar. Aunque es uno de los postres que más práctica requiere del cocinero, si sigues bien los pasos la dominarás en poco tiempo.

INGREDIENTES

- 1 vaina de vainilla QUE BO!
- 500 g de crema entera de leche de vaca
- 6 yemas de huevo
- 160 g de azúcar refinada
- 1 pizca de sal
- Agua, la suficiente

PREPARACIÓN

1. Con ayuda de un cuchillo hacemos una incisión a lo largo de la vaina de vainilla y retiramos la pulpa.
2. Calentamos la crema con la pulpa de vainilla en una olla. Revolvemos durante 10 minutos, sin que llegue a hervir. Retiramos del fuego y dejamos reposar por 20 minutos.
3. En un bowl aparte mezclamos las yemas con 100 gramos de azúcar y una pizca de sal con ayuda de un batidor en globo.
4. En ese mismo bowl incorporamos la mezcla de crema con vainilla que ya debe estar a temperatura ambiente. Movemos con una pala de madera o una miserable hasta disolver cualquier cristal o remanente de azúcar.
5. Colocamos la mezcla nuevamente en una olla y calentamos a fuego medio por unos cinco minutos.
6. Mientras tanto, precalentamos el horno a 150 °C.
7. Vaciamos la preparación aún caliente en ramequines de 240 mililitros de manera equitativa.
8. Los colocamos en un recipiente lo suficientemente profundo y agregamos agua caliente hasta cubrir la mitad del molde (como un baño María).
9. Horneamos a 150 °C durante 35 minutos.
10. Retiramos del horno y dejamos enfriar a temperatura ambiente.
11. Colocamos los ramequines en el refrigerador durante mínimo tres horas (podemos dejarlos toda la noche).
12. Cuando el tiempo haya transcurrido, distribuimos el resto del azúcar sobre cada uno de los ramequines y, con ayuda de un soplete para cocina, caramelizamos.
13. Dejamos que el caramelo se enfríe a temperatura ambiente y presentamos.

MOUSSE DE CHAI Y CHOCOLATE BLANCO

La textura aireada y cremosa del mousse de chai y chocolate blanco hacen de este postre un gran cierre para una gran cena. Es elegante, fresco e indulgente, todo a la vez. Puedes acompañarlo con los frutos de tu elección, yo recomiendo cítricos o frutos rojos.

NIVEL DE DIFICULTAD ●●●○ |  8 PORCIONES |  **VA BIEN CON:** CHILES EN NOGADA, COCHINITA PIBIL, PIZZA DE DOS MANERAS

INGREDIENTES

- 250 g de crema para montar (esta irá caliente)
- 30 g de azúcar invertido QUE BO!
- 2 sobres de té chai
- 30 g de glucosa
- 180 g de chocolate blanco
- 90 g de masa de grenetina
- 375 g de crema para montar (esta irá a temperatura ambiente)
- Fresas o frutos rojos (opcional)
- Chocolate de tu elección (opcional)

PREPARACIÓN

1. Calentamos en una olla la primera porción de crema (250 gramos), el azúcar invertido, el té y la glucosa, llevamos a ebullición.
2. Retiramos del fuego cuando suelte el hervor e incorporamos el chocolate blanco y la masa de grenetina con ayuda de una batidora de mano o licuadora de inmersión.
3. Enseguida, añadimos la segunda porción de crema (375 gramos, a temperatura ambiente) a la mezcla anterior.
4. Vertemos la mezcla en ocho moldes de silicón, revisando que no quede aire en su interior.
5. Cubrimos los moldes con una película de plástico adherente y dejamos reposar por seis horas en congelación.
6. Desmoldamos y presentamos en un platón, puede ir solo o acompañado de los frutos y chocolates de tu elección. Mi sugerencia es adornar con fresas o frutos rojos y chocolate semiamargo.

PAVLOVA

La pavlova es ese postre que juega con las texturas como ningún otro: el crocante del merengue, el cremoso de la crema y la frescura de los frutos rojos. No hagas caso a los mitos de si la clara es vieja, refrigerada o al tiempo. El secreto es cuidar el tiempo de cocción para que los merengues queden crocantes y no chiclosos. Ten paciencia y no abras el horno hasta que pase el tiempo designado.

VA BIEN CON: TARTAR DE RES, LASAÑA, FETUCCINI A LA CARBONARA

INGREDIENTES

Para el merengue:

- 150 g de claras
- 1 pizca de sal
- 1 g de crémor tártaro QUE BO!
- 300 g de azúcar refinada

Para el coulis de frutos rojos:

- 70 g de azúcar refinada
- 4 g de pectina NH (sirve para espesar, se consigue en tiendas de materias primas)
- 200 g de frutos rojos frescos (mora azul, frambuesas y zarzamoras)

Para la chantilly de queso:

- 1 vaina de vainilla QUE BO!
- 300 g de crema para batir
- 170 g de queso crema
- 45 g de azúcar glass

Para la decoración:

- 200 g de fresas
- 200 g de frambuesas
- 100 g de moras
- 100 g de glaseado neutro QUE BO!

PREPARACIÓN

Para el merengue:

1. Batimos las claras (que estén a temperatura ambiente) a velocidad media con la pizca de sal. Cuando empiecen a levantar, incorporamos el cremor y el azúcar, poco a poco, y sin dejar de batir.
2. Llevamos el merengue a baño María. Mantenemos a temperatura media y movemos con una pala hasta que la mezcla alcance los 60 °C.
3. Regresamos a la batidora y montamos a velocidad media alta, hasta que la temperatura disminuya (40 °C) y el merengue tenga una consistencia más espesa.
4. Con ayuda de una espátula, vertemos la mezcla en discos de unos 15 a 18 centímetros de circunferencia sobre una charola cubierta con papel de estrella.
5. Horneamos a 100 °C sobre una rejilla (esto para que no esté tan cerca del fuego), durante una hora y media.
6. Retiramos y dejamos enfriar a temperatura ambiente.

Para el coulis de frutos rojos:

1. En una olla mezclamos el azúcar con la pectina, con ayuda de una espátula miserable. Una vez que esté disuelta la mezcla, agregamos los frutos rojos y cocemos hasta llegar a los 106 °C.
2. Enseguida vaciamos la mezcla en un recipiente de vidrio y dejamos reposar sin tapar, a temperatura ambiente.
3. Cuando esté al tiempo, licuamos a velocidad media por tres minutos. Reservamos.

Para la chantilly de queso:

1. Retiramos la vainilla de la vaina, haciendo una incisión a lo largo con la ayuda de un cuchillo, y la agregamos a la crema en un bowl. Movemos bien con un batidor de globo hasta que se incorpore.

2 Dejamos reposar en el refrigerador, tapado con papel aluminio, durante 20 minutos.
3 Calentamos el queso crema durante un minuto en el microondas. Aún tibio, lo batimos con ayuda de un batidor de globo.
4 Incorporamos, poco a poco, el azúcar glass. Ya que la mezcla esté integrada, añadimos poco a poco la crema con la vainilla. Batimos hasta que tenga la consistencia firme de una chantilly

Para el montaje:

1 Duyamos la chantilly de queso sobre el merengue, haciendo efecto de holanes (para esto movemos la muñeca simulando un ocho).
2 Encima colocamos el coulis con ayuda de una cuchara o espátula.
3 Bañamos los frutos rojos con el brillo neutro en un bowl y los colocamos encima del coulis en la pavlova. Servimos..

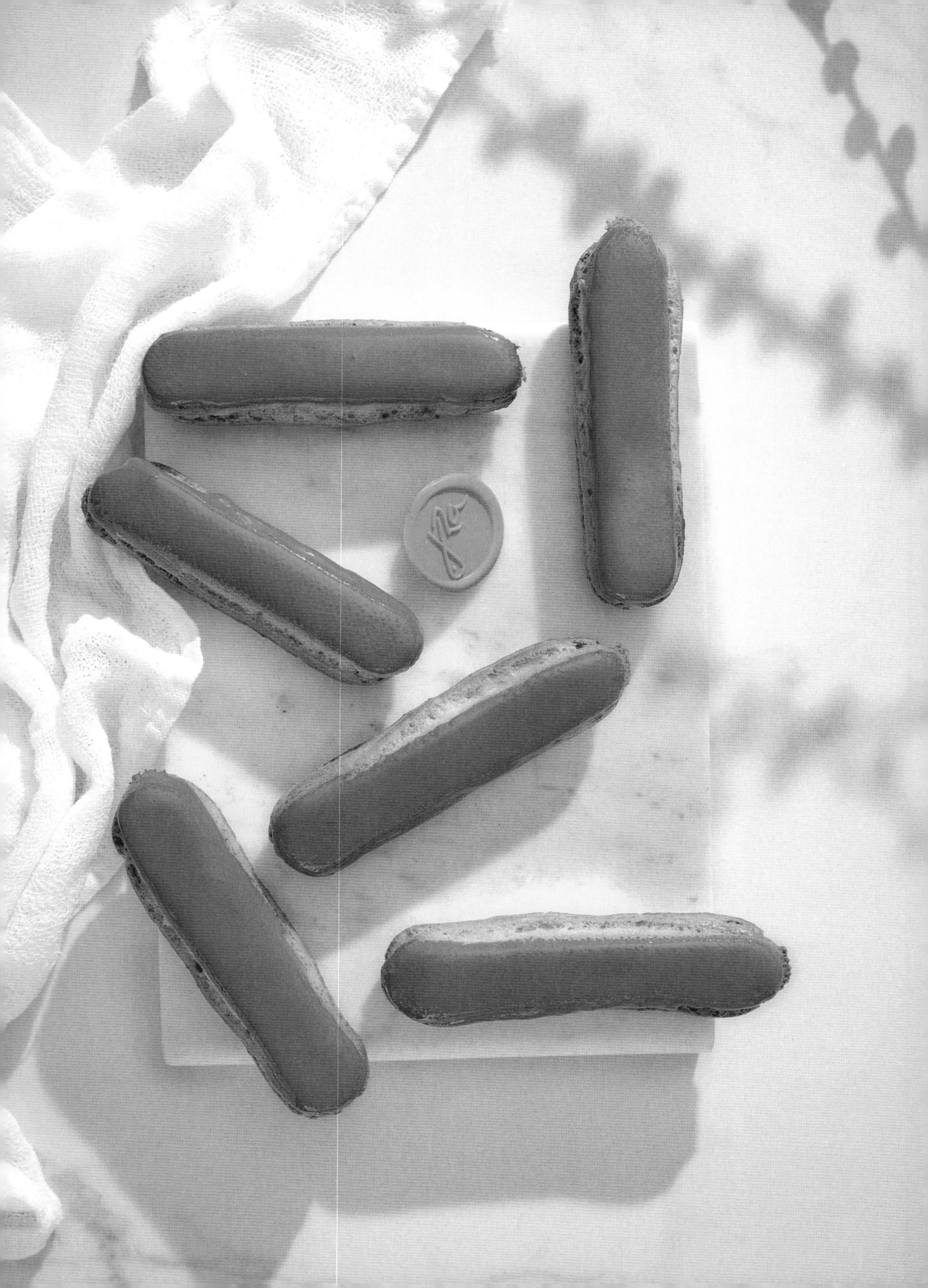

ÉCLAIRS

Los éclairs tienen una consistencia tan esponjosita, cremosa y suave que te apapacharán a cada bocado. Es una receta rendidora y versátil, perfecta para regalar o cuando esperas muchos invitados. Seguro los has comido fríos, pero te recomiendo probar uno recién hecho, te fascinará. ¡Cuidado! No te los vayas a acabar.

NIVEL DE DIFICULTAD  |  PORCIONES | VA BIEN CON: TARTAR DE RES, ROBALO CON PESTO GENOVESE Y COSTRA DE PISTACHE, ESCALIVADA

INGREDIENTES

Para la pasta *choux*:

- 250 g de agua
- 250 g de leche
- 250 g de mantequilla
- 5 g de sal
- 125 g de azúcar refinada
- 5 g de azúcar invertido QUE BO!
- 300 g de harina de fuerza QUE BO!
- 385 g de huevo

Para la crema pastelera:

- 500 g de leche
- 6 g de harina de trigo
- 12 g de fécula de maíz
- 4 yemas
- 100 g de azúcar
- 100 g de crema para montar
- 12 g de extracto de vainilla

Glaseado de chocolate:

- 100 g de agua
- 100 g de azúcar
- 300 g de chocolate blanco QUE BO!
- 100 g de leche condensada
- 100 g de masa de gelatina QUE BO!
- Colorante natural (opcional y al gusto)

PREPARACIÓN

Para la pasta *choux*:

1. Precalentamos el horno a 190 °C.
2. En una olla hervimos el agua, la leche, la mantequilla, la sal, el azúcar refinada y el azúcar invertido. Mezclamos bien con ayuda de una pala de madera.
3. Cuando hierva, retiramos del fuego y agregamos la harina de golpe. Movemos lo más rápido posible con un batidor de globo hasta que la pasta se despegue de la olla.
4. Regresamos la olla al fuego medio y cocemos por unos minutos hasta que se aprecie una capa caramelizada al fondo de la olla. Retiramos.
5. Vertemos la mezcla en una batidora y con el aditamento de pala batimos a velocidad baja hasta que la mezcla se enfríe.
6. Añadimos los huevos uno por uno y batimos perfectamente hasta obtener punto de listón (esto es cuando se desenrolla, sin romperse, la mezcla de nuestra pala o del batidor).
7. Colocamos la mezcla en una manga con duya de un pico liso (del tamaño que desees los éclairs) y duyamos sobre una charola cubierta con papel de estrella. Te recomiendo que sean de máximo 10 centímetros de largo.
8. Horneamos a 190 °C durante 25 minutos.
9. Transcurrido el tiempo bajamos la temperatura a 160 °C y horneamos durante 15 minutos más.

Para la crema pastelera:

1 En un recipiente disolvemos 200 g de la leche con la harina y la fécula de maíz. Movemos hasta que estén incorporadas perfectamente.
2 Una vez que la harina y la fécula se hayan disuelto por completo, agregamos las yemas y el azúcar, mezclamos de nuevo hasta incorporar.
3 En una olla llevamos a ebullición el resto de la leche con la crema. Una vez que suelte el hervor apagamos la flama y vertemos un poco en la mezcla anterior para atemperar, mezclamos. Incorporamos poco a poco el resto, mezclando de manera constante para evitar que se cuezan las yemas como si fueran huevos revueltos. Una vez que esté completamente incorporada devolvemos toda la mezcla a la olla y movemos de forma constante, ya que empezará a espesar.
4 Agregamos el extracto de vainilla, incorporamos, y vaciamos en un contenedor. Cubrimos con papel film y reservamos la crema a temperatura ambiente.

Para el glaseado:

1 Llevamos el agua y el azúcar a ebullición en una olla durante 10 minutos, esto hará un jarabe.
2 Fundimos el chocolate blanco en un recipiente aparte, podemos hacerlo en el microondas pero lo ideal es en baño María.
3 Al recipiente con el chocolate blanco derretido, añadimos el jarabe, la leche condensada, la masa de gelatina y el colorante de tu elección, incorporamos con una licuadora de mano o de inmersión hasta tener una mezcla homogénea.
4 Se recomienda reposar el glaseado a temperatura ambiente durante tres horas para que se adhiera mejor al éclair, pero si lo deseas puedes utilizarlo al momento.

Para el montaje:

1 Con una duya les inyectamos la crema a los éclairs, podemos hacerlo por abajo o a los costados. Yo sugiero hacerlo por un borde.
2 Sumergimos la parte superior de los éclairs de manera individual en el glaseado.
3 Servimos.

PROFITEROLES CON NAMELAKA

La pasta *choux*, con la que se hacen los profiteroles, es una de las más elaboradas y delicadas de la repostería francesa. Debido a su suavidad, le permite rellenarse con diferentes cremas saborizadas según la parte del mundo donde se prepare. En mi caso, me encantan estos profiteroles con crema *namelaka*, que significa en japonés «muy cremoso»: una crema chocolatosa ¡y deliciosa!, que se vuelve aún más elegante con un toque de romero fresco.

NIVEL DE DIFICULTAD ●●●●

10 - 12 PORCIONES

VA BIEN CON: ROLLOS PRIMAVERA DE CERDO AGRIDULCE, RISOTTO DE AZAFRÁN, PAELLA

INGREDIENTES

Para el *craquelin*:*
- 80 g de mantequilla
- 100 g de azúcar mascabado
- 20 g de polvo de almendra
- 80 g de harina de fuerza QUE BO!

** El* craquelin *es una mezcla de azúcar con polvo de almendra que le aporta un elemento crocante a la pasta* choux *de los profiteroles.*

Para los profiteroles:
- 250 g de agua
- 250 g de leche
- 250 g de mantequilla
- 5 g de sal refinada
- 125 g de azúcar refinada
- 5 g de azúcar invertido QUE BO!
- 300 g de harina de fuerza QUE BO!
- 385 g de huevo

Para el relleno *namelaka* de romero:
- 200 g de leche
- 18 g de romero fresco
- 40 g de masa de gelatina QUE BO!
- 370 g de chocolate de leche QUE BO!
- 400 g de crema para batir

Para el montaje:
- 150 g de crema de cacahuate
- Mermelada, al gusto

PREPARACIÓN

Para el *craquelin*:

1 Batimos la mantequilla con el azúcar y el polvo de almendra, utilizando el aditamento de pala.

2 Cuando la mezcla esté homogénea, y sin dejar de batir, añadimos poco a poco la harina, previamente cernida en una coladera, hasta que obtengamos una pasta. Seguimos batiendo durante cinco minutos más.

3 Colocamos la masa en la mesa y con el rodillo, la presionamos entre dos papeles de estrella o bien, dos tapetes de silicón, para que quede una capa fina.

4 Metemos la masa en el congelador durante cuatro horas.

5 Posteriormente, retiramos la masa y la cortamos con un cortapastas de seis centímetros de diámetro en forma circular. Reservamos.

Para los profiteroles:

1 Precalentamos el horno a 180 °C.

2 En una olla hervimos el agua, la leche, la mantequilla, la sal, el azúcar refinada y el azúcar invertido. Mezclamos bien con ayuda de una pala de madera.

3 Cuando hierva, retiramos del fuego y agregamos la harina de golpe. Movemos lo más rápido posible con un batidor de globo hasta que la pasta se despegue de la olla.
4 Regresamos la olla al fuego medio y cocemos por unos minutos hasta que se aprecie una capa caramelizada al fondo de la olla. Retiramos.
5 Vertemos la mezcla en una batidora y con el aditamento de pala, batimos a velocidad baja hasta que la mezcla se enfríe.
6 Añadimos los huevos uno por uno y batimos perfectamente hasta obtener punto de listón (esto es cuando se desenrolla, sin romperse, la mezcla de nuestra pala o del batidor).
7 Con ayuda de una manga pastelera que tenga una duya de 12 milímetros, colocamos la masa en una charola para horno cubierta con papel de estrella. Vertemos porciones circulares de unos cinco centímetros de diámetro, lo más parejos posibles y que no se peguen entre sí, con cuatro centímetros de distancia entre ellos basta.
8 Encima de cada círculo colocamos el craquelin previamente cortado.
9 Horneamos a 180 °C durante 25 minutos. Transcurrido el tiempo, bajamos la temperatura a 160 °C y horneamos por 15 minutos más. Reservamos a temperatura ambiente, sin tapar.

Para el relleno *namelaka* de romero:

1 En una olla calentamos la leche con el romero fresco, hasta que hierva. Retiramos del fuego y quitamos el romero con ayuda de una espátula coladora o de un colador fino.
2 Agregamos la masa de gelatina e incorporamos con un batidor de globo.
3 Vertemos la mezcla sobre el chocolate previamente derretido a baño María e incorporamos de manera envolvente con una pala.
4 Añadimos la crema para batir fría e incorporamos con la batidora a velocidad alta por 10 minutos.

Para el montaje:

1 Con ayuda de un cuchillo pequeño rebanamos la cabecita de los profiteroles y los rellenamos de manera individual con la *namelaka*; para un mejor resultado podemos usar una duya con complemento de estrella.
2 Acompañamos con mermelada o crema de cacahuate al gusto.

PASTEL DE CHOCOLATE EN CAPAS

Siempre he dicho que para los postres nunca es suficiente chocolate, y este pastel no es la excepción. Las distintas capas aportan dimensión y texturas diferentes a cada bocado: lo fresco de la jalea, lo suavecito del bizcocho y el factor cremoso del mousse. Es una receta imperdible.

NIVEL DE DIFICULTAD ●●●●

10 - 12 PORCIONES

VA BIEN CON: PORK BELLY PRENSADO, CHILES EN NOGADA, HAMBURGUESAS FONDUE

INGREDIENTES

Para la jalea de chabacano:

- 300 g de agua
- 350 g de chabacano QUE BO!
- 100 g de azúcar refinada
- 12 g de pectina cítrica QUE BO!
- 55 g de masa de gelatina QUE BO!

Para el bizcocho de chocolate:

- 90 g de claras
- 95 g de azúcar refinada
- 40 g de huevo
- 90 g de yemas
- 15 g de margarina derretida
- 12 g de esencia de vainilla
- 6 g de aceite de canola
- 12 g de cocoa QUE BO!
- 30 g de harina de trigo
- 45 g de polvo de almendra QUE BO!
- 6 g de polvo para hornear
- 100 g de chispas de chocolate

Para el mousse de chocolate:

- 290 g de crema para batir
- 3 yemas de huevo
- 50 g de azúcar refinada
- 26 g de masa de gelatina QUE BO!
- 140 g de leche
- 150 g de chocolate al 85% QUE BO!

Para el glaseado de chocolate:

- 280 g de agua
- 360 g de azúcar refinada
- 240 g de crema para batir
- 120 g de cocoa QUE BO!
- 13 g de masa de gelatina QUE BO!
- 80 g de brillo neutro

Para el montaje:

- 20 g de galletas Oreo hechas polvo
- 100 g de chocolate rallado (opcional)

PREPARACIÓN

Para la jalea de chabacano:

1. Llevamos el agua a punto de ebullición y la vertemos sobre los chabacanos en un recipiente de vidrio. Dejamos reposar a temperatura ambiente y sin tapar durante cuatro horas.
2. Mezclamos el azúcar con la pectina cítrica en un tazón. Reservamos.
3. Luego del tiempo transcurrido licuamos los chabacanos con el agua y vertemos poco a poco el azúcar reservada con la pectina.
4. Colocamos la mezcla en una olla y calentamos hasta que haga ebullición.
5. Cocemos durante tres minutos y añadimos la masa de gelatina. Movemos durante dos minutos más y retiramos del fuego.

Para el bizcocho:

1 Precalentamos el horno a 180 °C.
2 Batimos las claras a velocidad alta junto con el azúcar hasta que quede un merengue.
3 Con la batidora aún en movimiento pero en velocidad media, incorporamos el huevo y las yemas, una a una.
4 Cuando las yemas se aclaren de color, añadimos la margarina previamente derretida, la vainilla en forma de hilo y, posteriormente, el aceite.
5 Incorporamos la cocoa, la harina, el polvo de almendra y el polvo para hornear (todos previamente cernidos) a velocidad baja.
6 Engrasamos y enharinamos tres moldes de 18 centímetros de diámetro.
7 Añadimos la mezcla en los moldes de manera uniforme y esparcimos las chispas de chocolate encima.
8 Horneamos durante 20 minutos a 180 °C. Pasado este tiempo, retiramos y dejamos enfriar.

Para el mousse de chocolate:

1 Calentamos la crema para batir en una olla durante cinco minutos.
2 Mientras tanto, mezclamos las yemas con el azúcar en la batidora a velocidad alta.
3 Cuando la crema supere los 100 °C la vertemos en forma de hilo sobre las yemas. Batimos la mezcla hasta llegar a los 80 °C.
4 Añadimos la masa de gelatina y la leche e incorporamos con la batidora a velocidad media, cuidando que la masa de gelatina se disuelva por completo.
5 En un bowl y con ayuda de una espátula miserable integramos la mezcla anterior con el chocolate previamente fundido. Incorporamos de forma envolvente hasta obtener una mezcla homogénea.
6 Reposamos hasta que el mousse llegue a los 30 °C. Reservamos a temperatura ambiente.

Para el glaseado de chocolate:

1 En una olla llevamos a ebullición el agua, el azúcar y la crema. Añadimos la cocoa y, con ayuda de un termómetro, rectificamos que la mezcla alcance los 100 °C. Apagamos.
2 Batimos la mezcla anterior con la masa de gelatina, con mucho cuidado y a velocidad baja para no generar burbujas.
3 Colamos y pasamos el glaseado a un recipiente de un litro. Añadimos el brillo neutro y unificamos con ayuda de una licuadora de mano o de inmersión. Reservamos a temperatura ambiente.

Para el montaje:

1 Desmoldamos el bizcocho de los moldes. Con un cuchillo para pan (o uno dentado), cortamos cada uno en dos a lo largo, procurando que queden lo más parejos posible para obtener seis capas circulares.
2 Colocamos una capa de bizcocho sobre una base redonda o un platón de al menos 20 centímetros de diámetro.
3 Encima untamos una capa de mousse de chocolate con ayuda de una espátula o miserable. La capa debe ser del mismo tamaño que el bizcocho.
4 Con otra espátula o miserable untamos la jalea de durazno encima del mousse, que abarque perfectamente el área del bizcocho. Cubrimos con otra capa de bizcocho y presionamos muy ligeramente para que se adhiera bien.
5 Repetimos este proceso hasta terminar con la última capa de bizcocho hasta arriba.
6 Con ayuda de una pala o espátula cubrimos los bordes del pastel con mousse de chocolate,

esto permitirá que se adhiera el polvo de galleta Oreo.

7 Duyamos el glaseado de chocolate en la parte superior del pastel, puede ser en olanas, estrellas o a tu gusto, será la base que sostendrá la decoración del pastel.
8 Decoramos los costados del pastel aplicando con un poco de presión una capa de la galleta Oreo molida. En la parte de encima, de forma opcional decoramos con chocolate rallado o a tu gusto.
9 Refrigeramos por un mínimo de tres horas, para permitir que cuajen bien las capas.
10 Servimos y disfrutamos.

PASTEL DE CHOCOLATE (COMO DIOS MANDA)

Así como en el guardarropa de una mujer siempre tendrá que existir un vestido negro, o en el de un hombre un saco formal, en la carta de postres de cualquier restaurante y en el menú de cualquier casa debe existir una buena receta de un pastel todo chocolate, como este. Es el postre por excelencia y sigue siendo el rey.

NIVEL DE DIFICULTAD ●●●●

10 - 12 PORCIONES

VA BIEN CON: LENGUA A LA VERACRUZANA, PAELLA, FILETE WELLINGTON

INGREDIENTES

Para la ganache de chocolate:

- 340 g de crema para batir
- 60 g de azúcar invertido QUE BO!
- 280 g de chocolate al 85% cacao QUE BO!

Para el bizcocho:

- 227 g de chocolate 85% Cacao QUE BO!, finamente picado
- 57 g de cocoa rojiza QUE BO!
- 12 g de café soluble
- 260 g de agua hirviendo
- 12 g de fécula de maíz
- 220 g de harina floja QUE BO!
- 200 g de azúcar refinada
- 100 g de azúcar mascabado
- 6 g de sal fina
- 6 g de bicarbonato de sodio
- 227 g de crema para batir, a temperatura ambiente
- 125 g de aceite de girasol
- 4 huevos grandes
- 1 yema de huevo, a temperatura ambiente
- 6 g de vinagre blanco
- 12 g de extracto de vainilla
- 12 g de mantequilla

Para el glaseado:

- 133 g de azúcar granulada
- 4 claras de huevo grandes
- 340 g de mantequilla pomada
- 340 g de chocolate 85% Cacao QUE BO!, derretido
- 12 g de extracto de vainilla
- 3 g de sal fina

Para decorar:

- Fresas al gusto
- Chocolate rallado al gusto

PREPARACIÓN

Para la ganache de chocolate:

1 Calentamos en una olla la crema con el azúcar invertido.
2 Añadimos el chocolate partido en trozos y movemos con una espátula miserable para evitar que se pegue; cuando tenga una textura tersa está en su punto.
3 Pasamos la ganache a un recipiente hondo. Reposamos en el refrigerador durante 6 horas.

Para el bizcocho:

1 Precalentamos el horno a 180 °C.
2 Añadimos el chocolate, la cocoa y el café soluble a un bowl. Ver-

temos el agua hirviendo encima mientras movemos con una pala de madera. Una vez que todo esté bien incorporado dejamos reposar la mezcla, tapada, durante cinco minutos.

3 Por otra parte, mezclamos la fécula de maíz, la harina floja, el azúcar refinada, el azúcar mascabado, la sal fina y el bicarbonato de sodio en un bowl. Reservamos.
4 Batimos en otro bowl a velocidad media la crema para batir, el aceite de girasol, los cuatro huevos, la yema de huevo, el vinagre blanco y el extracto de vainilla hasta que la mezcla tome aire (que incremente su tamaño en un 30%).
5 Destapamos la mezcla de chocolate y mezclamos bien con un batidor de globo. Añadimos a ese bowl, sin dejar de mover, las dos mezclas previamente hechas (la de las harinas y la de la crema). Incorporamos de forma envolvente hasta obtener una mezcla homogénea. Reservamos.
6 Forramos dos moldes de 18 centímetros con aluminio, solamente por dentro. Engrasamos con mantequilla.
7 Colocamos la mezcla en los dos moldes de manera uniforme, dejando libre un espacio de por lo menos dos centímetros de altura.
8 Horneamos a 180 °C durante 35 minutos.
9 Pasado ese tiempo, desmoldamos y dejamos enfriar totalmente antes de montar.

Para el glaseado:

1 Mezclamos el azúcar con las claras con ayuda de un batidor en globo.
2 Llevamos la mezcla a baño María, sin dejar de mover, hasta llegar a los 60 °C.
3 Una vez alcanzada la temperatura, retiramos del fuego y batimos la mezcla a velocidad media hasta obtener un merengue.
4 Enseguida añadimos la mantequilla en cubos, poco a poco, para que no cortemos la mezcla.
5 Agregamos el chocolate derretido, la vainilla y la sal. Batimos hasta obtener una mezcla uniforme. Reservamos.

Para el montaje:

1 Retiramos la ganache de refrigeración y la batimos con ayuda de un batidor de globo, manteniendo una velocidad intermedia, por tres minutos o hasta descuajar: la intención es que sea maleable.
2 Colocamos uno de los bizcochos sobre una base redonda o un platón de al menos 20 centímetros de diámetro. Lo cubrimos, con ayuda de una espátula o miserable, con la ganache de chocolate en una capa uniforme.
3 Colocamos, encima, el otro bizcocho.
4 Lo cubrimos con otra capa uniforme de ganache de chocolate.
5 Por último, con ayuda de una pala o miserable, cubrimos completamente el pastel con el glaseado.
6 Refrigeramos por un mínimo de tres horas. Posteriormente, decoramos al gusto con chocolate rallado y fresas en mitades.
7 Servimos y disfrutamos.

TORBELLINO DE FRAMBUESA

Este postre es una reinterpretación del famoso Brazo de gitano, un pan mamón relleno de crema pastelera que es muy común en las panaderías mexicanas. Mi versión viene enrollada con jarabe y mermelada de frambuesa, lo que le da un *twist* original a este clásico. No dejes que los tiempos te ganen, la repostería es divertida y sus resultados exquisitos. Atrévete a probar esta delicia, te encantará el resultado.

NIVEL DE DIFICULTAD

8 PORCIONES

VA BIEN CON: LECHE DE TIGRE CON HUACHINANGO, RISOTTO DE AZAFRÁN, COLIFLOR ROSTIZADA

INGREDIENTES

Para el bizcocho elástico:

- 84 g de claras de huevo
- 60 g de azúcar invertido QUE BO!
- 84 g de azúcar refinada
- 25 g de harina de fuerza
- 38 g de harina de almendras
- 6 g de polvo para hornear
- 15 g de mantequilla derretida
- 90 g de yemas de huevo
- 1 huevo completo
- 12 g de aceite de canola

Para el jarabe de frambuesa:

- 250 g de agua
- 200 g de azúcar refinada
- 100 g de frambuesas
- 100 g de ginebra

Para la mermelada de frambuesa:

- 100 g de azúcar refinada
- 10 g de pectina cítrica (se consigue en tiendas naturistas)
- 400 g de frambuesas congeladas
- 12 g de ácido cítrico QUE BO!
- 200 g de agua
- 100 g de masa de gelatina*

** Obtenemos la masa de gelatina al mezclar 100 gramos de grenetina en 600 gramos de agua. La dejamos reposar por cinco minutos. Calentamos en una olla a 40 °C, o en el microondas por 30 segundos, y mezclamos con una pala hasta que la grenetina esté totalmente disuelta. Refrigeramos hasta que esté sólida.*

Para el royal de frambuesa:

- 200 g de leche
- 50 g de glucosa comestible
- 40 g de mantequilla
- 370 g de chocolate blanco
- 200 g de pulpa de frambuesa**
- Colorante rojo, cantidad suficiente
- 400 g de crema para batir
- 40 g de masa de gelatina

*** Se consigue en los supermercados, o puedes hacerla licuando las frambuesas.*

Para decorar:

- 30 g de fresas en mitades
- 30 g de zarzamoras
- 20 g de chocolate rallado

PREPARACIÓN

Para el bizcocho elástico:

1. Precalentamos el horno a 180 °C.
2. Con la batidora, a velocidad media, batimos las claras hasta que se esponjen. Añadimos poco a poco el azúcar invertido y el azúcar refinada hasta que obtengamos picos firmes. Reservamos este merengue, conocido como francés.
3. En un bowl mezclamos con un batidor de globo la harina de fuerza con la de almendras y el polvo para hornear.

4 En otro recipiente mezclamos con una pala miserable la mantequilla derretida (a temperatura ambiente), las yemas de huevo, el huevo y el aceite.
5 Con la batidora a velocidad media incorporamos la mezcla de mantequilla, huevo y aceite al merengue. Batimos en la misma dirección y ya que esté bien incorporado, sin dejar de batir, añadimos poco a poco y con ayuda de una cuchara sopera las harinas mezcladas con el polvo para hornear, hasta que quede una mezcla uniforme.
6 En una charola con papel estrella o un tapete de silicón, colocamos la mezcla. Debe quedar delgada y llenar por completo la charola para que al cortar y enrollar sea uniforme; para esto puedes ayudarte de una miserable.
7 Horneamos a 180 °C durante 12 minutos.

Para el jarabe de frambuesa:

1 En una olla llevamos el agua a ebullición junto con el azúcar y las frambuesas durante cinco minutos, moviendo con una pala de madera.
2 Retiramos del fuego y dejamos enfriar. Agregamos la ginebra, mezclamos y reservamos para bañar el bizcocho más adelante.

Para la mermelada de frambuesa:

1 Mezclamos el azúcar con la pectina con ayuda de un batidor de globo. Reservamos.
2 Licuamos por cinco minutos, a velocidad media, las frambuesas congeladas con el ácido cítrico (esto ayuda a espesar y concentrar el sabor) y el agua. Levantamos la tapa de la licuadora y añadimos la mezcla de pectina en forma de lluvia (moviendo rápido la licuadora de lado a lado, el movimiento lo hacemos con la muñeca).
3 Colocamos la mezcla en una olla y calentamos durante cinco minutos, hasta que comience a espesar.
4 Retiramos, incorporamos la masa de gelatina con una espátula o miserable y revolvemos bien. Dejamos enfriar.

Para el royal de frambuesa:

1 Ponemos la leche, la glucosa y la mantequilla en una olla a fuego medio. Mezclamos con una pala hasta que lleguen a punto de ebullición.
2 Quitamos del fuego y añadimos el chocolate blanco, previamente derretido a baño María, la pulpa de la frambuesa y las gotas de colorante. Mezclamos con la pala.
3 Añadimos la crema fría y la masa de gelatina, previamente fundida a baño María. Mezclamos y dejamos reposar durante seis horas en refrigeración.

Para montar el torbellino de frambuesa:

1 Con una brocha de cocina humedecemos muy poco el bizcocho con agua y lo volteamos con cuidado.
2 Extendemos el royal de frambuesa sobre el bizcocho con ayuda de una miserable o espátula.
3 Encima untamos una capa de mermelada de frambuesa.
4 Cortamos tiras de 10 centímetros de grosor. De largo deben tener aproximadamente 18 o 20 centímetros, pero no te preocupes tanto por el largo, lo importante es que el grosor sea parejo para que la altura del rollo esté nivelada.
5 Enrollamos la primera tira para tener la primera capa del rollo, justo por donde termina la primera tira adherimos la segunda y enrollamos sobre esta, el royal y la frambuesa bastan para que peguen, no es necesario aplicar tanta presión. Seguimos el proceso hasta tener el rollo completo. Tendremos un pastel de aproximadamente 18 cm de diámetro.
6 Acostamos el rollo de modo que la espiral quede hacia arriba y el bizcocho hacia el borde. Lo bañamos, con ayuda de una cuchara, con el jarabe de frambuesa. Adornamos con las zarzamoras, las fresas y el chocolate.
7 Servimos.

AGRADECIMIENTOS

Quiero agradecer a Jesús por esta gran oportunidad y bendición: crear un nuevo libro que me permite compartir con cada lector el privilegio de estar en casa y en familia.

A Editorial Planeta, por creer en mí y seguir recorriendo este camino juntos.

A Karen Juárez, Joel Ramírez y mi equipo de Aula Que Bo! que me siguen en cada nuevo reto profesional, sin ustedes todo este gran resultado no habría sido igual.

A Flavio Bizzarri y su mágico lente para plasmar cada platillo de *En casa con JoséRa*.

A Santiago Rendón por el titánico trabajo de corrección de estilo y la gran mancuerna que hicimos juntos.

A Tamara Gutverg, mi editora, que con toda su paciencia, perseverancia y gran conocimiento supo llevar a buen puerto este libro.

A mi gran amiga Gaby González, por cuidarme en todos mis proyectos, por comprender mi visión, por seguir cada una de mis locuras, por cuidar hasta el más mínimo detalle siempre.

Y sobre todo a cada uno de ustedes, lectores, que hacen de cada libro una herramienta para seguir cocinando. Es por eso que hoy les quiero decir, con todo mi cariño: gracias por leer *En casa con JoséRa*.

Puedes encontrar todos los
ingredientes QUE BO! en nuestras tiendas
de Polanco y Coyoacán, o también
solicitarlos por nuestras redes sociales,
tenemos envíos a
toda la República Mexicana.

@chocolatesquebo
@joseracastillo
Que Bo Chocolatería

Puedes encontrar todos los accesorios
de las fotografías de este libro en